新通達で
こう変わる!!

マンション節税と
相続税
シミュレーション

月刊「税理」編集局 編

ぎょうせい

はじめに

　マンションの相続税評価は，令和4年4月19日の最高裁判決が大きな潮目となり，時価と乖離して過度に低くなる評価額を是正する方向で見直された。具体的には，令和5年9月28日付で「居住用の区分所有財産の評価について」と題する個別通達，いわゆる「マンション通達」が発出された。

　本書は，このような流れを受けて，経験豊富な実務家をはじめ，国税出身の精通者，さらには不動産鑑定士の総勢5名により，それぞれの強みを生かして多角的な視点から，このマンション通達を解説するものである。課税当局の見解やその意図するところを踏まえた実務上の留意点（第1章，第2章）はもとより，実務家の視点から総則6項の今後の適用のあり方（第4章）を予測し，さらには将来的に活用の場が増えるであろう鑑定評価についても踏み込んでいる（第5章）。とりわけ現場の実務家にとって最も関心が高いであろう，マンション通達適用後の相続税額については，具体的な事例をもとにシミュレーションにより明示している（第3章）。およそマンションの相続税評価実務については，本書によりその全てを知ることができよう。

　本書の土台となったのは，小誌月刊「税理」令和5年10月号の特集「マンション評価の新通達の全容と実務への影響」であるが，今回の刊行にあたっては，ほぼ全面にわたり大幅な加筆修正が施されている。本特集がパブリックコメントに付された通達案を基にした執筆であったこともあるが，その後のひと月半余りで，パブリックコメントの結果，新通達の発出，趣旨説明の公表と新情報が増えた。なにより，これらの情報を踏まえて実務的視点から検討・研究をス

ピーディに行っていただいたことが大きい。

　このような充実した書籍を短時日のうちに刊行できたのも，常々，小誌にご執筆くださっている著者の皆様の賜物，お蔭であることはいうまでもありません。この場をお借りし，編集局一同，厚く御礼を申し上げます。

　令和5年11月

月刊「税理」編集局

目　　次

はじめに

著者紹介

第1章　マンション通達の概要と留意すべき事項等
香取　　稔

1　マンション通達が発遣されるまでの経緯 ················· 2

2　マンション通達の概要 ······························· 4

　① 適用時期／4

　② マンション通達の定める評価方法により評価されるもの／4

　③ マンション通達の適用対象が区分所有登記されたマンション
　　に限定された理由／6

　④ 評価通達の定める評価方法により評価されるもの／7

　⑤ 評価乖離率の算出方法／8

　⑥ マンション通達の定める評価方法／11

　⑦ 計　算　例／13

3　区分所有登記されていない一棟の建物への変更登記 ···14

4　マンション通達と総則6項の適用関係 ················· 15

　① 総則6項の規定ぶり／15

　② 納税者の予見可能性の確保／16

5　今後の実務への影響 ······························· 17

第2章　マンション通達の適用 Q&A　　　河合　厚

○　**はじめに** ………………………………………………………22

1　**マンション通達の適用時期・対象等** ………………23

　Q1　適用時期／23

　Q2　適用対象地域／23

　Q3　適用対象マンション／25

　Q4　適用対象外不動産／26

　Q5　評価水準／28

　Q6　オフィスビル／30

　Q7　事務所使用／31

　Q8　事務所に改装／32

　Q9　店舗併用住宅／33

　Q10　二世帯住宅／34

　Q11　一棟所有／35

　Q12　店舗併用住宅／36

　Q13　借地権付き区分所有マンション／37

　Q14　相続開始前変更／38

　Q15　不動産小口化商品／40

2　**マンション通達による評価額の算出方法** ………………41

　Q16　評価額の算出／41

　Q17　評価乖離率／43

　Q18　今後のマンション通達改正／45

　Q19　総則6項の適用／46

　Q20　課税時期における時価（市場価格）を上回る場合／47

　Q21　相続税節税対策としての区分所有マンション／49

第3章　マンション通達を踏まえたタックスプランニング

前山　静夫

○　はじめに………………………………………………………52

1　マンション通達を踏まえたシミュレーションの概要…53

2　中古マンション市場の動向等………………………………54
　　① 中古マンションの成約件数の推移／55
　　② 中古マンションの成約価格の推移／56
　　③ 超高層マンションの棟数等の状況／57
　　④ 賃貸マンションの成約状況等／58

3　中古マンション取得のメリット・デメリット等……61
　　① メリット／61
　　② デメリット／62

4　マンションを活用した相続税対策等………………………62
　　① 高層マンションの立地条件による評価額の相違等／64
　　≪事例1≫都心の高層マンション／67
　　≪事例2≫近郊都市の高層マンション／70
　　≪事例3≫地方都市の高層マンション／73
　　② 超高層マンションの立地条件による評価額の相違等／76
　　≪事例4≫都心の超高層マンション／79
　　≪事例5≫近郊都市の超高層マンション／82
　　③ ビンテージマンション／85
　　≪事例6≫ビンテージマンション／86
　　④ リゾートマンション／88
　　≪事例7≫リゾートマンション／89
　　⑤ 賃貸マンション／91

≪事例8≫都心の賃貸ワンルームマンション①／92

≪事例9≫地方都市の賃貸ワンルームマンション／95

≪事例10≫都心の賃貸ワンルームマンション②／98

5　マンションの贈与を行う場合の留意点 ………………101

　　① 贈与による財産の取得時期／101

　　② 特例等の適用／102

　　③ その他／103

6　まとめ ………………………………………………………103

第4章　マンション評価の新通達と総則6項との関係
笹岡　宏保

1　はじめに ………………………………………………………108

2　新マンションの評価方法とその留意点 ……………………108

　　① 新マンションの評価方法／108

　　② 留意点／115

3　総則6項の定めとその適用基準 ……………………………121

　　① 総則6項の定め／121

　　② 「著しく不適当」の意義／122

　　③ 総則6項の適用基準／122

4　総則6項の適用想定例 ………………………………………123

　　① いわゆる「1棟所有マンション」の取扱い／123

　　② 新通達の適用と総則6項の関係／126

　　③ 総則6項の適用が懸念される具体的な評価事例／129

5　その他 ………………………………………………………135

　　① 筆者が気掛かりにしていること（令和5年中に贈与を実行し

てしまった事案について）／135

　　②　報道発表資料と新通達及び情報の取扱上の差異／135

　　③　評価乖離率が零又は負数となる場合に留意すべき重要裁決事
　　例／137

第5章　鑑定評価の視点から紐解くマンション通達
　　と実務への影響　　　　　　　　村木　康弘

1　経緯と本稿の概要 ………………………………………………148

2　マンション通達のポイント …………………………………149

　　①　マンションの評価水準を理論的実勢価格の6割に／149

　　②　マンション通達の骨子／149

　　③　マンション通達と適用イメージ／151

　　④　具体例／153

3　マンションの相続税評価額と市場価格の乖離 ………154

　　①　タワーマンションの人気の理由／154

　　②　タワーマンションの所有が相続税の節税になる理由／155

4　マンションの価格形成要因と不動産鑑定評価の手法 …157

　　①　マンションの価格形成要因／157

　　②　価格の三面性と不動産鑑定評価／157

　　③　分譲マンション一室の価格は市場性・代替性で決まる／158

5　マンション通達新設の検討経緯 ……………………………159

　　①　鑑定評価手法と相続税評価の原則とのせめぎ合い／159

　　②　マンション通達の不動産鑑定評価的解釈／161

　　③　様々な配慮／163

6 マンション通達の影響と不動産鑑定評価が有用となる
ケース ……………………………………………………………164

(参考資料) 居住用の区分所有財産の評価について（法令解釈通達）
（課評 2 −74　課資 2 −16　令和 5 年 9 月28日）／166

＜著者紹介＞

香取　稔（かとり・みのる）──第１章執筆

税理士・埼玉学園大学大学院客員教授

国税庁出身で，課税部資産課税課課長補佐等を務め，東京国税局課税第一部資料調査第二課長，高松国税不服審判所所長等を歴任し，令和２年３月退官。国税庁において長年，相続税・贈与税の法令解釈等に関する業務を経てきたエキスパート。主な著書に『事例で学ぶ土地・株式等の財産評価』（清文社，令和５年），『相続税重要項目詳解（令和５年改訂版）』（大蔵財務協会，令和５年），『図解財産評価（平成27年版）』（編著，大蔵財務協会，平成27年），『相続税法基本通達逐条解説（改訂新版）』（編著，大蔵財務協会，平成18年），『相続税・贈与税関係　租税特別措置法通達逐条解説』（平成18年版）』（編著，大蔵財務協会，平成18年），他多数。

河合　厚（かわい・あつし）──第２章執筆

税理士・税理士法人チェスター東京本店代表兼審査部部長，東京国際大学特任教授

国税庁出身で，国税庁個人課税課課長補佐（審理担当），税務大学校専門教育部主任教授，大阪国税不服審判所審理部長，税務署長を歴任。令和２年，税理士法人チェスター審査部部長。東京税理士会，関東信越税理士会各支部，金融機関等でセミナー講師。主な著書に『変わる生前贈与とタックスプランニング』（共著，ぎょうせい，令和５年），『デジタル財産の税務Q&A』（共著，ぎょうせい，令和５年），『適用判定がすぐわかる！小規模宅地特例』（共著，ぎょうせい，令和３年），『精選Q&A相続税・贈与税全書』（共著，清文社，令和４年），『DHCコンメンタール所得税法』（共著，第一法規），他多数。

前山　静夫（まえやま・しずお）──第３章執筆

税理士・税理士法人チェスター東京本店審査部所属

国税出身で，国税庁所得税課，関東信越国税局個人課税課課長補佐等を務め，関東信越国税不服審判所審判官（総括担当），関東信越国税局審理課長，同国税訟務官室長，２か所の税務署長を歴任し，令和４年８月税理士登録。税理士法人チェスターでは相続税の生前相談のほか茨城県税理士協同組合，関東信越税理士会高崎支部及び前橋支部において実務セミナー講師として従事。主な著書に『農家の所得税』（共著，全国農業会議所，令和４年），『変わる生前贈与とタックスプランニング』（共著，ぎょうせい，令和５年），他多数。

笹岡　宏保（ささおか・ひろやす）──第4章執筆

税理士

関西大学経済学部在学中の昭和59年に税理士試験に合格，その後同学部を卒業
し，会計事務所に勤務。主に相続・譲渡等の資産税部門の業務を担当した。平
成3年，笹岡会計事務所を設立し，資産税務のスペシャリストとして現在に至
る。主な著書に『＜相続税・贈与税＞具体事例による財産評価の実務』（清文
社），『Q&A　税理士のための資産税の税務判断マニュアル』（清文社），『これ
だけは確認しておきたい　相続税の実務Q&A』（清文社），『＜詳解＞小規模宅
地等の課税特例の実務（重要項目の整理と理解）』（清文社），『難解事例から探
る　財産評価のキーポイント　第1集～第6集』（ぎょうせい），『令和4年最
高裁判決でこうなる!!　ケーススタディ評価通達6項の是否認ポイント』（ぎ
ょうせい），他多数。

村木　康弘（むらき・やすひろ）──第5章執筆

不動産鑑定士

公益社団法人日本不動産鑑定士協会連合会常務理事・広報委員長，公益社団法
人滋賀県不動産鑑定士協会会長，滋賀大学経済学部非常勤講師，三井信託銀行，
日本不動産研究所を経て不動産鑑定士として独立開業，有限会社村木アセット
・コンサルタンツ代表取締役。

第1章

マンション通達の概要と
留意すべき事項等

税理士 **香取 稔**

ポイント

1 「居住用の区分所有財産の評価について（法解釈通達）」（以下
「マンション通達」という。）が適用されるものは，区分所有登記
されたマンションに限られる。

2 区分所有登記されたマンションであっても，そのマンションに
ついて評価通達に定める評価方法により評価した価額（以下「通
達評価額」という。）が，評価水準（$\frac{\text{通達評価額}}{\text{市場価格（時価）}}$）の60%か
ら100%の範囲内に収まっているものは，マンション通達は適用
されない。

3 マンション通達が適用されるマンションの評価水準が60%未満
のものについては，一律に60%の評価水準（以下「最低評価水
準」という。）まで評価額が引き上げられる。

4 マンション通達により最も影響を受けるマンションは，いわゆ
るタワーマンションで，しかも築浅で，高層階にあるものである。

5 マンション通達は，平成30年中の全国の中古マンションの売買
実例価額等に基づき評価対象マンションの通達評価額を補正する
仕組みを採用していることから，大都市のマンションの評価額は，
最低評価水準である市場価格の60%を下回ることが見込まれる。

1 マンション通達が発遣されるまでの経緯

　最高裁令和4年4月19日判決（以下「本判決」という。）により，マンションの通達評価額と時価（市場価格）との乖離差を利用した相続税の節税問題が大きくクローズアップされた（図表－1）。

　そして，令和5年度税制改正大綱（令和4年12月16日自由民主党・公明党）では「マンションについては，市場での売買価格と通達に基づく通達評価額とが大きく乖離しているケースがみられる。現状を放置すれば，マンションの通達評価額が個別に判断されることもあり，納税者の予見可能性を確保する必要がある。（下線筆者）このため，相続税におけるマンションの評価方法については，相続税法の時価主義の下，市場価格との乖離の実態を踏まえ，適正化を検討する。」旨が明記された（図表－2）。

　この大綱を受けて，国税庁では令和5年1月に「マンションに係る財産評価通達に関する有識者会議」（以下「本件有識者会議」という。）が設置され，都合3回の会合等を経て，令和5年9月28日付で新たなマンションの評価方法を定めた法令解釈通達，すなわちマンション通達が発遣された。

　（注）　本判決に係る最高裁判所調査官は，「実質的な租税負担の公平という観点からは，同様のかい離は類似の不動産にも広く存在し得る以上，これを相続する潜在的な他の納税者と同じく通達評価額によったとしても租税負担の均衡が害されることはなく，むしろ，当該納税者についてのみ通達評価額を上回る価額によることは不合理というべきである（このようなかい離は，本来，評価通

達の見直し等によって解消されるべきものといえる）。」（下線筆者）旨述べている（山本拓「ジュリスト1581号」95頁・㈱有斐閣）。

●図表－1　最高裁判決における財産評価基本通達6項の適用事例

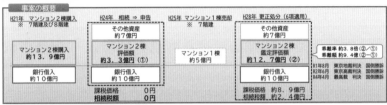

財産評価基本通達6項
（この通達の定めにより難い場合の評価）
6　この通達の定めによって評価することが著しく不適当と認められる財産の価額は、国税庁長官の指示を受けて評価する

事案の概要

| H21年　マンション2棟購入
※　7階建及び8階建 | H24年　相続 ⇒ 申告 | H25年　マンション1棟売却
※　7階建 | H28年　更正処分（6項適用） |

最高裁判決（令和4年4月19日）の要旨
① 課税庁が、特定の者の相続財産の価額についてのみ評価通達の定める方法により評価した価額を上回る額によるものとすることは、たとえ当該価額が客観的な交換価値としての時価を上回らないとしても、合理的な理由がない限り、平等原則に違反するものとして違法
② 相続税の課税価格に算入される財産の価額について、評価通達の定める方法による画一的な評価を行うことが実質的な租税負担の公平に反するというべき事情がある場合には、当該財産の価額を上記通達の定める方法により評価した価額を上回る価額によるものとすることは相続税法上の一般原則としての平等原則に違反しない。
③ 本件の①、②などの事情の下においては、本件各不動産の価額を評価通達を上回る価額にすることは、平等原則に違反しない。
　(1)　本件各不動産（マンション2棟）の購入・借入れが行われなければ本件相続に係る課税価格の合計額は6億円を超えるものであったにもかかわらず、これが行われたことにより、基礎控除の結果、相続税の総額が0円になる。
　(2)　被相続人及び相続人は、本件各不動産の購入・借入れが近い将来発生することが予想される被相続人からの相続において相続人の相続税の負担を減じ又は免れさせるものであることを知り、かつ、これを期待して、あえて本件購入・借入れを企画して実行した。

（出典）　有識者会議第1回7ページ

●図表－2　市場価格と相続税評価額の乖離の事例

	所在地	総階数	所在階数	築年数	専有面積	市場価格	相続税評価額	乖離率
①	東京都	43階	23階	9年	67.17㎡	11,900万円	3,720万円	3.20倍
②	福岡県	9階	9階	22年	78.20㎡	3,500万円	1,483万円	2.36倍
③	広島県	10階	8階	6年	71.59㎡	2,240万円	954万円	2.34倍

（出典）　有識者会議第1回6ページ

2 マンション通達の概要

① 適 用 時 期

　マンション通達は，令和6年1月1日以後に相続，遺贈又は贈与により取得した財産の評価について適用される。

② マンション通達の定める評価方法により評価されるもの

　次に掲げる要件を満たす居住の用に供する専有部分（建物の区分所有等に関する法律（以下「区分所有法」という。）2条《定義》3項に規定する専有部分をいう。以下同じ。）一室に係る区分所有権（同条1項に規定する区分所有権をいい，当該専有部分に係る同条4項に規定する共用部分の共有持分を含む。以下同じ。）及び敷地利用権（同条6項に規定する敷地利用権をいい，専有部分一室の区分所有権と合わせて「一室の区分所有権等」という。以下同じ。）については，マンション通達の定める評価方法により評価される。

イ　一室の区分所有権等は，区分所有者（区分所有法2条2項に規定する区分所有者をいう。以下同じ。）が存する家屋（当該家屋の構造が登記簿上の地階を除く階数が2以下のもの及び当該家屋に存する専有部分（同条3項に規定する専有部分をいう。以下同じ。）一室の数が3以下であってその全てを当該区分所有者又はその親族の居住の用に供する目的で所有しているものを除く。）に存すること（以下当該家屋を「一棟の区分所有建物」とい

う。)

ロ　一室の区分所有権等に係る区分所有権及び敷地利用権の評価水準（その区分所有権及び敷地利用権の通達評価額を市場価格で除した数値をいう。以下同じ。）が，次に掲げる場合のいずれかに該当すること

　㋑　1を超える場合（図表－3の「評価水準が100％となる層」の部分）

　㋺　0.6未満である場合（図表－3の「評価水準が60％となる層」の部分）

　(注)1　「居住の用に供する専有部分」とは，その構造上，主として居住の用途に供することができるものをいうことから，原則として不動産登記規則113条《建物の種類》1項に規定する建物の種類が「居宅」として登記されているマンションをいい，そのマンションを店舗又は事務所等として使用していたとしてもマンション通達により評価される。

　　　2　敷地利用権には，一棟の区分所有建物に存する居住の用に供する専有部分一室に係る当該建物の敷地の共有持分（例えば，昭和58年の区分所有法改正前に建てられたマンションの敷地の共有持分）も含まれる。

　　　3　一室の区分所有権等には，評価通達6章《動産》2節《たな卸商品等》に定めるたな卸商品等に該当するものは含まれず，同節の定めによって評価される。

●図表－3　評価方法の見直しのイメージ図

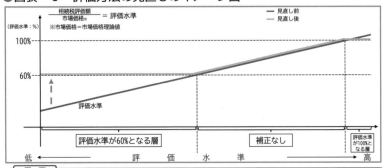

（注1）　令和6年1月1日以後の相続等又は贈与により取得した財産に適用する。
（注2）　上記の評価方法の適用後も、最低評価水準と重回帰式については、固定資産税の評価の見直し時期に併せて、当該時期の直前における一戸建て及びマンション一室の取引事例の取引価格に基づいて見直すものとする。
　　　　また当該時期以外の時期においても、マンションに係る不動産価格指数等に照らし見直しの要否を検討するものとする。

（出典）　有識者会議第3回3ページ

③ マンション通達の適用対象が区分所有登記された マンションに限定された理由

　マンション通達による評価方法は，全国の中古マンションの売買実例価額等をサンプル調査し，それに基づき算定した評価乖離率により評価対象マンションの通達評価額を補正する仕組みを採用している。

　このサンプル調査のためには，通常，多数の取引事例を収集する必要があるが，市場で取引されている大半のものはいわゆる分譲マンションであり，それ以外のもの，例えば，区分所有登記された二世帯住宅，専有部分が店舗及び事務所等の用途に供されているもの及び区分所有登記されていない一棟の建物（構造上区分され，独立して住居，店舗，事務所又は倉庫等の用途に供することができる数個の部分から構成されている建物をいう。以下同じ。）等について

は，取引事例そのものが少ない。

　したがって，マンション通達により評価されるものは，区分所有登記されたマンションに限られたものと思われる。

④　評価通達の定める評価方法により評価されるもの

　次に掲げるようなものは，マンション通達の適用はなく，これまでどおり評価通達の定める評価方法より評価される。

イ　登記簿上の地下を除く階数が2以下の家屋に存する専有部分一室に係る区分所有権及び敷地利用権……2階建てのタウンハウス（長屋）等

ロ　一棟の建物に存する専有部分一室の数が3以下であってその全てを当該専有部分の区分所有者又はその親族（以下「区分所有者等」という。）の居住の用に供するもの（区分所有者が，当該区分所有者等の居住の用に供する目的で所有しているものをいい，居住の用以外の用又は当該区分所有者等以外の者の利用を目的とすることが明らかな場合（これまで一度も区分所有者等の居住の用に供されていなかった場合（居住の用に供されていなかったことについて合理的な理由がある場合を除く。）など）を除く。）に係る区分所有権及び敷地利用権……二世帯住宅等（3階建てで各階が区分所有されているものなど）

ハ　区分所有登記されていない一棟の建物及び当該建物の敷地……親族で所有する一棟の賃貸マンション等

ニ　一棟の建物に存する専有部分の用途が居住の用以外の用に供されるものに係る区分所有権及び敷地利用権……店舗，事務所等

ホ　一室の区分所有権等に係る区分所有権及び敷地利用権の評価水準が0.6以上1以下にあるもの（図表－3の「補正なし」の部分）

ヘ　借地上に建てられた一棟の区分所有建物の底地（貸宅地）……
借地権付分譲マンション等の底地

5　評価乖離率の算出方法

イ　算　式

　評価乖離率＝A＋B＋C＋D＋3.220

上記算式中の「A」，「B」，「C」及び「D」は，それぞれ次による。

「A」＝当該一棟の区分所有建物の築年数（注1）×△0.033

「B」＝当該一棟の区分所有建物の総階数指数（注2）×0.239
（小数点以下第4位を切り捨てる。）

「C」＝当該一室の区分所有権等に係る専有部分の所在階（注3）
×0.018

「D」＝当該一室の区分所有権等に係る敷地持分狭小度（注4）
×△1.195（小数点以下第4位を切り上げる。）

（注）1　「築年数」は，当該一棟の区分所有建物の建築の時から
課税時期までの期間とし，当該期間に1年未満の端数があ
るときは，その端数は1年とする。

2　「総階数指数」は，当該一棟の区分所有建物の総階数を
33で除した値（小数点以下第4位を切り捨て，1を超える
場合は1とする。）とする。この場合において，総階数に
は登記簿上の地下を含まない。

3　当該一室の区分所有権等に係る専有部分が当該一棟の区
分所有建物の複数階にまたがる場合（いわゆるメゾネット
タイプの場合）には，階数が低い方の階を「当該一室の区
分所有権等に係る専有部分の所在階」とする。したがって，

当該一室の区分所有権等に係る専有部分が1階と地下にまたがる場合又は地下のある場合には，零階となることから，「C」の値は零となる。

　　4　「当該一室の区分所有権等に係る敷地持分狭小度」は，当該一室の区分所有権等に係る敷地利用権の面積を当該一室の区分所有権等に係る専有部分の面積で除した値（小数点以下第4位を切り上げる。）とする。

ロ　評価乖離率を決める4つの指数の影響度合い

　評価乖離率を決める4つの指数である①築年数，②総階数（総階数指数）及び③所在階は建物に関する指数であり，④敷地持分狭小度は建物の敷地に関する指数である。

　これらの指数について評価乖離率に与える影響度合いをみていくと，まず，①築年数については，一棟の区分所有建物の築年数が古いほど評価乖離率が低くなり，例えば，築年数が30年の場合には，評価乖離率を1弱押し下げる効果がある。

　次に，②総階数（総階数指数）については，その建物の総階数が33階を超える場合には1.0となることから，最大でも評価乖離率を0.239押し上げる効果しかない。

　次に，③所在階は，一室の区分所有権等に係る専有部分の所在階数が高ければ高いほど，評価乖離率を押し上げる効果がある。

　さらに，④敷地持分狭小度は，一般的には，高層マンションほど一室の区分所有権等に係る敷地利用権の面積は小さくなる傾向があり，その敷地持分狭小度も小さくなるから，評価乖離率を押し下げる効果は小さくなる。

ハ　留　意　点

　(イ)　平成30年中の全国の中古マンションの売買実例価額等に基づ

き組み立てられた評価乖離率を求める算式

　マンション通達では，評価対象マンションの通達評価額に評価乖離率を乗じた価額が，当該マンションの市場価格（理論値）であると位置付けているが，その評価乖離率を求める算式は，コロナ禍の影響等を排除するため平成30年中の全国の中古マンションの売買実例価額等を基礎として組み立てられている。したがって，課税時期が平成30年中であれば，評価対象マンションの通達評価額に評価乖離率を乗ずることによって当該マンションの適正な市場価格が求められたのであろう。

　しかしながら，平成31年以降，特に大都市に所在する中古マンションの価額は大幅に上昇しているが，そのデータは評価乖離率を求める算式の各指数等には当然反映されていない。

　したがって，例えば，令和5年の東京都心部に所在する評価対象マンションの通達評価額に評価乖離率を乗じた価額は，当該マンションの市場価格を下回ることが見込まれる。

㈹　評価乖離率の算定要素にはマンションの立地条件が盛り込まれていないこと

　評価乖離率の算定要素には，評価対象マンションの所在（立地条件）に関する指数が盛り込まれていない。したがって，評価対象マンションに係る①築年数，②総階数，③所在階数及び④敷地持分狭小度が同一であれば，その所在が，大都市の人気エリア（例えば，東京都渋谷区広尾，港区麻布十番）にあろうが，地方にあろうが，その評価乖離率は同一になる。

　評価対象マンションの立地条件は，数値化することが困難であるから，評価乖離率の算定要素として考慮することができなかったことはやむを得ないと考える。しかしながら，マンショ

ンの立地条件は，その通達評価額と市場価格の乖離の大きな要因の一つとなっていると思われる。そのため，新たなマンションの評価方法の見直しにより，築年数等が類似するマンションであれば，その評価額は，そのマンションの所在が地方にある方が，大都市の人気エリアにあるものと比べ，評価額の引き上げ幅は大きくなると見込まれる。

6 マンション通達の定める評価方法

一室の区分所有権等の価額は，その評価水準に応じ，次のイ又はロのとおり評価される。ただし，評価乖離率が零又は負数のものは，評価しない（（注）2に該当する場合を除く。）。

イ　一室の区分所有権等に係る区分所有権及び敷地利用権の評価水準が1を超える場合

区分所有権及び敷地利用権の別に，それぞれ次のとおり評価され，その評価額は，課税庁の発表によると市場価格（理論値）と一致する。

(イ)　一室の区分所有権等に係る敷地利用権の価額

一室の区分所有権等に係る敷地利用権の価額は，「自用地としての価額」（評価通達25《貸宅地の評価》(1)に定める「自用地としての価額」をいい，評価通達11《評価の方式》から22−3《大規模工場用地の路線価及び倍率》，24《私道の用に供されている宅地の評価》，24−2《土地区画整理事業施行中の宅地の評価》及び24−6《セットバックを必要とする宅地の評価》から24−8《文化財建造物である家屋の敷地の用に供されている宅地の評価》までの定めにより評価したその宅地の価額をいう。次のロにおいて同じ。）に，区分所有補正率（評価乖

離率の値をいう。次の㈹において同じ。）を乗じて計算した価額を当該「自用地としての価額」とみなして評価通達（評価通達25並びに同項により評価する場合における評価通達27《借地権の評価》及び27−2《定期借地権等の評価》を除く。）を適用して計算した価額によって評価する。

㈹　一室の区分所有権等に係る区分所有権の価額

　　一室の区分所有権等に係る区分所有権の価額は，「自用家屋としての価額」（評価通達89《家屋の評価》，89−2《文化財建造物である家屋の評価》又は92《附属設備等の評価》の定めにより評価したその家屋の価額をいう。次のロにおいて同じ。）に区分所有補正率を乗じて計算した価額を当該「自用家屋としての価額」とみなして評価通達を適用して計算した価額によって評価する。

ロ　一室の区分所有権等に係る区分所有権及び敷地利用権の評価水準が0.6を下回る場合

　　区分所有権及び敷地利用権の別に，それぞれ次のとおり評価され，その評価額は，課税庁の発表によると市場価格（理論値）の60％となる。

㈤　一室の区分所有権等に係る敷地利用権の価額

　　一室の区分所有権等に係る敷地利用権の価額は，「自用地としての価額」に，区分所有補正率（評価乖離率の値に0.6を乗じた値をいう。次の㈹において同じ。）を乗じて計算した価額を当該「自用地としての価額」とみなして評価通達（評価通達25並びに同項により評価する場合における評価通達27及び27−2を除く。）を適用して計算した価額によって評価する。

㈹　一室の区分所有権等に係る区分所有権の価額

一室の区分所有権等に係る区分所有権の価額は,「自用家屋としての価額」に区分所有補正率を乗じて計算した価額を当該「自用家屋としての価額」とみなして評価通達を適用して計算した価額によって評価する。

(注)1　区分所有権及び敷地利用権の評価上,区分所有補正率は,次の2に該当する場合を除き,必ず同じ値となる。

　　　2　区分所有者が次のいずれも単独で所有している場合には,上記イ(イ)及びロ(イ)の「区分所有補正率」は1を下限とする。つまり,その敷地利用権の評価額は通達評価額が下限となる。

　　　　(1)　一棟の区分所有建物に存する全ての専有部分

　　　　(2)　一棟の区分所有建物の敷地

7　計 算 例

イ　評価対象マンションの前提条件

　・所在等：東京都心の36階建てのタワーマンションの27階部分の住戸

　・築年数：14年

　・専有部分の面積：70㎡

　・敷地利用権の面積：14㎡

　・通達評価額：敷地利用権：25,354,000円,区分所有権：14,500,000円

ロ　マンション通達による評価額

　(イ)　評価乖離率

　　　①+②+③+④+3.220=3.244

　　　①：上記(5)イの算式中の「A」

　　　　14年×△0.033=△0.462

②：上記(5)イの算式中の「B」

　　　$1 \times 0.239 = 0.239$ （36階÷33階＝1.090＞1）

③：上記(5)イの算式中の「C」

　　　$27階 \times 0.018 = 0.486$

④：上記(5)イの算式中の「D」

　　　$14㎡ \div 70㎡ \times \triangle 1.195 = \triangle 0.239$

(ロ)　評価水準

　　0.3082（1÷3.244）

(ハ)　敷地利用権の価額

　　$25,354,000円 \times 3.244 \times 0.6 = 49,349,025円$（通達評価額の1.946倍）

(ニ)　区分所有権の価額

　　$14,500,000円 \times 3.244 \times 0.6 = 28,222,800円$（通達評価額の1.946倍）

3　区分所有登記されていない一棟の建物への変更登記

　マンション通達が適用される一室の区分所有権等とは，いうなれば区分所有登記されたマンションであることから，一棟の区分所有建物の全てを親族で所有している場合には，課税時期前にその登記を変更し，区分所有登記されていない一棟の建物とすれば，同通達が適用されないのではないかという見解があり得る。

　ところで，譲渡所得の特例であるいわゆる相続空き家特例（措法35③）の適用対象からは，区分所有登記されている建物は除かれている（措法35④）。

そして，この点を明確化した措置法通達35－11《建物の区分所有等に関する法律第1条の規定に該当する建物》に関して，課税当局の担当官は，次のように述べている。

「なお，何ら構造上変更がないにもかかわらず，『被相続人の居住用財産の特別控除の特例』の適用を受けるためのみの目的で相続開始前に区分所有建物から区分所有でない建物に変更登記したとしても，一棟の建物に構造上区分された部分で独立して住居等の用途に供することができるものであることは明らかであることから，この変更登記した建物について『被相続人の居住用財産の特別控除の特例』の適用がないことはいうまでもない。」（佐藤誠一郎編『令和4年版　譲渡所得・山林所得・株式等の譲渡所得関係　租税特別措置法通達逐条解説』533頁，（一社）大蔵財務協会）

　そうすると，一棟の区分所有建物について何ら構造上変更を加えることなく，課税時期前に区分所有登記された建物から区分所有登記されていない建物に変更登記をしたとしても，マンション通達が適用されるリスクは極めて高いと考える。

4　マンション通達と総則6項の適用関係

☐1　総則6項の規定ぶり

　マンション通達は，評価通達本体の改正ではなく，個別通達の形で発遣されていることから，マンション通達の定める評価方法により一室の区分所有権等を評価した場合には，総則6項を適用することは許されないと考える向きがある（なお，課税庁は，マンション

通達の2及び3において「評価通達を適用して計算した価額によって評価する」と定めていることから、当然に総則6項が適用されると解していると思われる。)。

　確かに、総則6項は、「この通達（筆者注：評価通達）の定めによって評価することが著しく不適当と認められる財産の価額は…」としていることから、その見直しがマンション通達（個別通達）によって行われた以上、文理解釈上、その適用がないのではないかと考えがちである。

　しかしながら、本判決では、通達は裁判所等を拘束しないことから、総則6項の適否を判断することなく、課税庁が、評価対象不動産の価額について通達評価額を上回る客観的交換価値（時価）によって評価したとしても、評価通達の定める方法による画一的な評価を行うことが実質的な租税負担の公平に反するというべき事情がある場合、すなわち「合理的な理由があると認められる場合」には、平等原則に違反するものではない旨判示している。したがって、課税庁は、仮に総則6項の定めがなかったとしても合理的な理由があると認められる場合には、通達評価額を上回る時価によって評価することが許されると解される。

　そうすると、例えば、被相続人等が相続税の負担軽減を図るために相続開始前にマンションを全額借入金で取得し、その借入残高が、マンション通達の定める評価方法により評価した当該マンションの評価額を上回っている場合、つまり、「余剰債務」が生じているときには、課税庁は、市場価格によってそのマンションの価額を評価することができると考える。

② 納税者の予見可能性の確保

マンション通達は，1の税制改正大綱にも明記されているとおり，「納税者の予見可能性を確保」するために制定されたものだから，マンション通達の定める評価方法により一室の区分所有権等を評価した場合には，総則6項を適用することは許されないと考える向きもある。

　しかしながら，納税者の予見可能性によって保護される利益というのは，上記①のような余剰債務が生ずる場合にあっては，他の納税者との間の実質的租税負担の公平に反するような形で税負担の軽減を享受し得る利益をいうにすぎず，そのような利益は，それ自体法的な保護に値するものとは考えられないことから，そのような利益が侵害されることを理由として，通達評価額を上回る時価によって評価することが許されないわけではないと考える（東京地裁平成4年7月29日判決）。

5　今後の実務への影響

　マンション通達が適用される一室の区分所有権等の大半は，その評価水準が60％未満のものである。本件有識者会議の資料によれば，その数は，マンション全体の約65％を超えるものと推計されている。したがって，その対象となるマンションについて最低評価水準である市場価格の60％まで引き上げられることになれば，相続税の節税対策等を講じる上での影響は少なくないと考える。

　しかしながら，市場価格の60％まで引き上げられるとはいっても，前述したとおり評価乖離率は，平成30年中の全国の中古マンションの売買実例価額等に基づき算定されたものであり，平成31年以降の売買実例価額等はそれに反映されていない。つまり，特に大都市に

所在する中古マンションの価額は，平成31年以降大幅に上昇していることから，そのマンションの評価額は最低評価水準である市場価格の60％を下回ることが見込まれる。

　また，そのマンションが被相続人等の居住の用又は貸付事業の用に供されていた場合には，小規模宅地等の特例の適用により，その引き上げ幅を圧縮することができる。

　そうすると，マンションの通達評価額と市場価格との乖離差を利用した相続税の節税策は，マンション市況が引き続き堅調に推移することが前提となるが，依然として有効であると考える。

参考法令

【建物の区分所有等に関する法律】

《建物の区分所有者》

第１条　一棟の建物に構造上区分された数個の部分で独立して住居，店舗，事務所又は倉庫その他建物としての用途に供することができるものがあるときは，その各部分は，この法律の定めるところにより，それぞれ所有権の目的とすることができる。

《定義》

第２条　この法律において「区分所有権」とは，前条に規定する建物の部分（第４条第２項の規定により共用部分とされたものを除く。）を目的とする所有権をいう。

２　この法律において「区分所有者」とは，区分所有権を有する者をいう。

３　この法律において「専有部分」とは，区分所有権の目的たる建物の部分をいう。

4　この法律において「共用部分」とは，専有部分以外の建物の部分，専有部分に属しない建物の附属物及び第4条第2項の規定により共用部分とされた附属の建物をいう。

5　この法律において「建物の敷地」とは，建物が所在する土地及び第5条第1項の規定により建物の敷地とされた土地をいう。

6　この法律において「敷地利用権」とは，専有部分を所有するための建物の敷地に関する権利をいう。

【不動産登記取扱規則】

《建物の種類》

第113条　建物の種類は，建物の主な用途により，居宅，店舗，寄宿舎，共同住宅，事務所，旅館，料理店，工場，倉庫，車庫，発電所及び変電所に区分して定め，これらの区分に該当しない建物については，これに準じて定めるものとする。

2　建物の主な用途が2以上の場合には，当該2以上の用途により建物の種類を定めるものとする。

〔かとり・みのる〕

第2章
マンション通達の
適用Q&A

税理士法人チェスター　社員税理士　**河合　厚**

ポイント

1　マンション通達は，令和6年1月1日以後の相続，贈与等から適用され，相続税の課税人員・税収増が見込まれる。

2　マンション通達の適用対象は，全国全ての二世帯住宅を除く3階以上の居住用の区分所有マンションである。

3　①2階建て，②専有部分の数が3室以下の二世帯住宅，③オフィスビル，④区分所有者が存しない賃貸マンション，⑤評価水準が0.6以上1未満である区分所有マンションなどは対象外。

4　区分所有マンションを1棟で所有している場合は対象。

5　適用対象の基準となる評価水準は，1÷評価乖離率で算出。

6　評価乖離率は，①築年数，②総階数指数，③所在階，④敷地持分狭小度の各変数を使用。

7　評価乖離率を押し下げる変数は①築年数・④敷地持分狭小度，押し上げる変数は，②総階数指数・③所在階である。

8　マンション通達による評価が適当でないと認められる場合，個別に課税時期における時価を鑑定評価その他合理的な方法により算定することが可能。

9　相続税節税対策として，区分所有マンションは，預貯金，有価証券に比べ，依然として優位性あり。

○ はじめに

　令和5年9月28日，国税庁より「居住用の区分所有財産の評価について」（法令解釈通達）（以下「マンション通達」という。）が発遣された。令和6年1月1日以降の相続，遺贈又は贈与により取得したマンションの評価については，このマンション通達により取り扱われることとなる。

　マンション通達は，都心のいわゆるタワマンのみを適用対象としておらず，①都心，三大都市圏，地方に関係なく全国の適用対象となる区分所有者が存するマンションに対し，②財産評価基本通達による評価額（以下「基本通達評価額」という。）に評価乖離率を乗じ，その評価額を算出するものである。

　なお，マンション通達の主な適用対象は「評価水準（マンションの基本通達評価額と平成30年当時の市場価格の乖離率）が0.6未満の場合」である。マンション通達適用によって，①評価額は市場価格の6割程度まで増額する（6割程度までしか上がらない），②特に都心では平成30年当時から中古マンション市場も大きく上昇してきている。

　これらのことから，マンションに係る相続税及び贈与税の税負担額は大きく変わり，令和6年分以降の相続税の課税人員及び税額が増加するものと見込まれる。また，その実務，さらには生前対策にも多大な影響を及ぼすものと推察される。

　本章では，今後のマンションへの評価に対するマンション通達の適用上の留意点について，Q&A方式により，具体的に解説することとしたい。

1 マンション通達の適用時期・対象等

Q1 適用時期

> マンション通達は，いつから適用されるのか。

A 令和6年1月1日以後に相続，遺贈又は贈与により取得したマンションについて，マンション通達が適用される。

［解説］

　居住用の区分所有財産の評価については，「財産評価基本通達」（法令解釈通達）によるほか，令和6年1月1日以後に相続，遺贈又は贈与により取得した財産については，マンション通達により取り扱うこととされている（マンション通達前文）。

　よって，令和6年1月1日以後に相続，遺贈又は贈与により取得した区分所有者が存するマンションについては，マンション通達による評価を行うこととなる。

Q2 適用対象地域

> 全国全てのマンションに，マンション通達は適用されるのか。

A マンション通達は，都心，三大都市圏，地方に関係なく，全国全ての区分所有者が存するマンションが適用対象となる。

[解説]

　マンション通達は，令和4年4月19日最高裁判決（いわゆるタワマン訴訟）を受け，令和5年度税制改正大綱に，「相続税におけるマンション評価方法については，相続税法の時価主義の下，市場価格との乖離の実態を踏まえ，適正化を検討する。」と盛り込まれ，令和5年1月30日以後3回開催された「マンションに係る財産評価基本通達に関する有識者会議」での検討を経て，令和5年9月28日に発遣されたものである。

　その趣旨では，「近年の区分所有財産の取引実態等を踏まえ，居住用の区分所有の評価方法を定めたものである」と記されている。

　マンション通達は，いわゆるタワマン訴訟が契機となって発遣されたものの，マンションに係る基本通達評価額と市場価格との乖離はタワマンに限られたものではない。

　このことから，マンション通達は，都心，三大都市圏，地方に関係なく，適用される。

全国一律（首都圏、地方
すべてのマンションが対象）

Q3 適用対象マンション

> どのようなマンションに，マンション通達は適用されるのか。

A マンション通達は，次のいずれの要件をも満たすマンションに適用される。

① 区分所有者が存するマンション

② 評価水準が，1を超えるか，又は，0.6未満であるマンション（Q5参照）

［解説］

マンション通達は，都心，三大都市圏，地方に関係なく，①区分所有者が存するマンションで，かつ，②評価水準（Q5参照）が，1を超えるか，又は，0.6未満であるマンションに適用される（マンション通達1(7)，2，3）。

なお，マンション通達の対象は，居住の用に供する専有部分一室に係る区分所有権（建物部分）及び敷地利用権（土地部分）である。

ここでいう一室とは，マンションの一部屋や，いわゆるワンルームマンションを指すのではなく，3LDKなども含む「区分所有建物に存する居住の用に供する専有部分一室」をいう。

また，適用対象からは，次のものは除くこととされている（マンション通達1(7)）。

① 家屋の構造が登記簿上の地階を除く階数が2以下のもの

② 専有部分一室の数が3以下であってそのすべてを区分所有者又はその親族の居住の用に供する目的で所有しているもの

これらのことから，マンション通達の適用対象となるマンション
とは，いわゆる二世帯住宅を除く３階以上の区分所有建物の居住用
の一室（以下「区分所有マンション」という。）といえる。

Q4　適用対象外不動産

> 　どのような不動産が，マンション通達の適用対象外となるの
> か。

A　マンション通達が適用されない不動産としては，①２階建て
（地下を除く。），②専有部分の数が３室以下の二世帯住宅，③オ
フィスビル，④賃貸マンションなど区分所有者が存しないマンシ
ョン，⑤評価水準が0.6以上１以下である区分所有マンションな
どが挙げられる。

［解説］

　マンション通達は，都心，三大都市圏，地方に関係なく，区分所
有者が存するマンションで，かつ，評価水準が，１を超えるか，又
は，0.6未満であるマンションが適用対象となる。

　このことから，次の不動産は，マンション通達の適用対象外とな
る（マンション通達１(7)）。

①　２階建て住宅（地下を除く。）

　　区分所有マンションであっても，例えば，２階建てのタウンハ
　ウス（長屋）等は，マンション通達の適用対象外となる。

②　二世帯住宅

具体的には，一棟の区分所有建物内に存する専有部分の数が3室以下のものであって，その全てを当該専有部分の区分所有者又はその親族の居住の用に供しているものは，マンション通達の適用対象外となる。

　なお，ここでいう親族とは，民法第725条（親族の範囲）各号に掲げる親族（6親等以内の血族，配偶者，3親等以内の姻族）をいい，生計を一にするか否かは要件とされていない（令和5年10月11日国税庁資産評価企画官他発遣「居住用の区分所有財産の評価について」（法令解釈通達）の趣旨について：情報（以下「マンション通達趣旨情報」という。）3⑴（注4））。

③　オフィスビル

　マンション通達は，区分所有者が存する居住用の建物が適用対象となる。たとえ区分所有建物であっても，その種類（不動産登記法により認定されたその建物の主たる用途）が事務所などのオフィスビルである場合は，マンション通達の適用対象外となる。

④　区分所有者が存しないマンション

　居住用マンションであっても，区分所有登記がされていないマンションは，マンション通達の対象外となる。例えば，マンションの全室が賃貸に供している賃貸マンション一棟を，区分所有登記なく所有している場合などは，マンション通達の適用対象外となる。

⑤　評価水準が0.6以上1未満である区分所有マンション

　評価水準が0.6以上1未満（評価乖離率が1.000以上1.670以下）の区分所有マンションは，マンション通達の適用対象外となる。なお，その区分所有マンションの評価額は，基本通達評価額となる。

Q5 評価水準

適用対象となる「評価水準が，1を超えるか，又は，0.6未満であるマンション」とは，どのようなマンションなのか。

A 「評価水準が，1を超えるか，又は，0.6未満であるマンション」とは，マンションに係る相続税評価額（基本通達評価額）を市場価格で除した値が，1を超えるもの，又は，0.6未満となるマンションをいう。

［解説］

マンション通達でいう評価水準とは，次の算式で求めた値である。

$$\frac{\text{相続税評価額（基本通達評価額）}}{\text{市場価格（売買実例価額）}} = \text{評価水準（1 ÷ 評価乖離率）}$$

ここでいう市場価格とは，平成30年中に取引された全国の分譲マンションの売買実例価額とされている（マンション通達趣旨情報1）。

(1) 評価水準が1を超える区分所有マンション

評価水準が1を超える区分所有マンションとは，上記算式上からマンションに係る相続税評価額（基本通達評価額）が市場価格よりも上回る区分所有マンションとなる。

ただし，評価水準とは，1を評価乖離率で除した値であることから，評価水準が1を上回るためには，評価乖離率が1を下回る必要がある。

評価乖離率は，①当該マンション一室に係る建物の築年数，②

当該マンション一室に係る建物の総階数，③当該マンション一室の所在階，④当該マンション一室の敷地持分狭小度の各変数を用いて算出される（**Q16**参照）。この場合，当該マンションの立地，一室の方角，修繕積立金の積立状況，人気度などは考慮されていない。

このことから，計算式からは築年数が60年を超えるなどの場合は，評価水準が1を超えることとなる。ただし，駅から遠い，近い将来改修が必要であるものの修繕積立金は積み立てられていないなど，人気がなく，実際は市場流通価格が基本通達評価額を下回るマンションであっても，上記算式上，評価水準が1を超えないマンションが生じることとなる。

(2) **評価水準が0.6未満である区分所有マンション**

評価水準が0.6未満である区分所有マンションとは，評価乖離率が1.670を上回る区分所有マンションとなる。

国税庁のサンプル調査では，4分の3以上のマンションが乖離率1.75以上，8割以上のマンションが乖離率1.5以上となっている（令和5年6月1日開催「マンションに係る財産評価通達に関する有識者会議」資料1頁）。

すなわち，大多数のマンションがマンション通達の対象となり，その相続税評価額が，それまでの基本通達評価額よりも上昇することとなる。

Q6 オフィスビル

区分所有のオフィスビルは，マンション通達の対象外となるのか。

A　区分所有者が存する不動産（ビル）であっても，建物の種類が事務所，店舗等として登記された不動産は，マンション通達の対象外となる。

［解説］

マンション通達は，区分所有者が居住用として有するマンションが適用対象である。区分所有登記された建物であっても，建物の種類（不動産登記法により認定されたその建物の主たる用途）が「店舗」，「事務所」，「倉庫等」として登記されているものについては，マンション通達の適用対象外となる。

建物の種類が店舗、事務所等の場合は適用対象外

Q7　事務所使用

> 　区分所有マンションを事務所として使用している場合は，マンション通達の対象外となるのか。

A　建物の種類が「居宅」として登記されているマンションを，事務所等として使用する場合は，マンション通達の適用対象となる。

［解説］

　マンション通達は，区分所有者が居住用として有するマンションが適用対象である。区分所有登記された建物の種類（不動産登記法により認定されたその建物の主たる用途）が「居宅」として登記されているものについては，マンション通達の適用対象となる。

　なお，令和5年6月30日開催の「マンションに係る財産評価通達に関する有識者会議」資料4頁では，評価の見直しの対象を「構造上，居住の用途に供することができるもの」とされている。このことからも，建物の種類が「居宅」として登記されているマンションが，店舗又は事務所等として使用されていたとしても，マンション通達の適用対象になるものと考えられる。

一室を事務所として使用

Q8 事務所に改装

区分所有マンションを事務所として改装して使用している場合は，マンション通達の対象外となるのか。

A 建物の種類が「事務所」として登記されていれば，マンション通達の対象外となる。

[解説]

マンション通達は，区分所有者が居住用として有するマンションが適用対象である。建物の種類（不動産登記法により認定されたその建物の主たる用途）が「事務所」として登記されていれば，マンション通達の対象外となる。

なお，建物の種類が「居宅」として登記されていた区分所有マンションについて，バス，キッチンの撤去など，何ら改装工事をすることなく，単に，登記だけを「事務所」に変更した場合には，マンション通達の適用対象外となるかは疑問である。

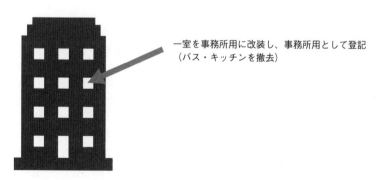

一室を事務所用に改装し、事務所用として登記
（バス・キッチンを撤去）

Q9　店舗併用住宅

> 　2階建ての区分所有建物に，1階は店舗，2階は被相続人世帯が居住していた場合は，マンション通達の適用対象となるのか。

A　区分所有建物であっても，2階建て以下の場合はマンション通達の適用対象外となる。

［解説］

　たとえ区分所有建物であっても，2階建て又は平屋の場合は，マンション通達の適用対象外となる（**Q3**参照）。

　ただし，3階建て以上の区分所有建物の場合，たとえ居住用が2フロア（2階・3階部分のみ）だけであっても，マンション通達の適用対象となる。

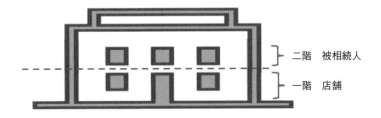

二階　被相続人
一階　店舗

Q10　二世帯住宅

> 　3階建ての区分所有建物に，1階は父母世帯，2階は長男世帯，3階は長女世帯が居住している場合は，マンション通達の適用対象となるのか。

A　区分所有建物に存する専有部分の数が3以下であって，その全てを区分所有者又はその親族の居住の用に供しているものは，3階建てであってもマンション通達の適用対象外となる。

［解説］

　3階建ての区分所有建物である二世帯住宅の場合において，その専有部分の数が3以下であって，その全てを区分所有者又はその親族の居住の用に供している場合は，3階建てであってもマンション通達の適用対象外となる（**Q3**参照）。

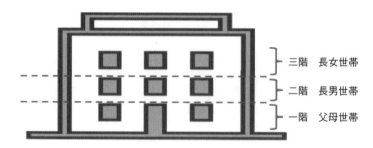

三階　長女世帯

二階　長男世帯

一階　父母世帯

Q11　一棟所有

> 　マンションを一棟所有している場合は，マンション通達の適用対象となるのか。

A　区分所有登記がされているマンションを一棟所有している場合は，マンション通達の適用対象となる。

［解説］

　マンション通達は，区分所有者が存する家屋を対象としている。なお，通達適用の基準となる評価乖離率の各変数のうち，「築年数」，「総階数指数」及び「所在階」は，一棟の区分所有建物のそれぞれの値を用いている（マンション通達1）。

　また，「一棟の区分所有建物に属する全ての専有部分を単独で所有している場合の『区分所有補正率』は1を下限とする。」取扱いが示されている（マンション通達2（注）1）。

　これらのことから，区分所有登記されているマンションを一棟所有していた場合であっても，マンション通達が適用されるものと考えられる。

　なお，一棟所有のマンションにおいて，仮に20の専有部分があれば，一部屋ずつ評価することとなる。

［一棟所有］
区分所有マンション　⇒　対象

［一棟所有］
区分所有でないマンション
⇒　対象外

Q12　店舗併用住宅

　1階が店舗，2階以上が住居となっている区分所有建物を，一棟所有している場合は，マンション通達の適用対象となるのか。

A　1階の店舗部分は対象外であるが，2階以上の専有部分はマンション通達の適用対象となる。

［解説］

　マンション通達は，居住の用に供する専有部分がある居住用の区分所有財産を対象としている（マンション通達1）。

　よって，本件のような店舗併用住宅においては，1階の店舗部分はマンション通達の適用対象とはならないが，2階以上の専有部分はマンション通達の適用対象となる。

　この場合，2階以上の専有部分に係る敷地利用権の価額の評価における基本通達評価額に乗じる「区分所有補正率」は，1が下限となる（マンション通達2（注）1）。

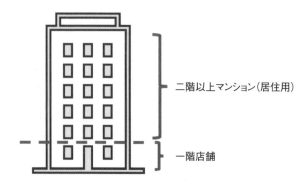

二階以上マンション（居住用）

一階店舗

Q13　借地権付き区分所有マンション

借地権付き区分所有マンションを有していた場合，また，その底地に対しては，マンション通達は適用されるのか。

A　借地権付き区分所有マンションは適用対象となり，その底地に対しては適用対象外となる。

[解説]

マンション通達の対象は，居住の用に供する専有部分一室にかかる区分所有権（建物部分）及び敷地利用権（土地部分）である。

この敷地利用権については，借地権も当然含まれるものと解され，マンション通達の適用対象となる（マンション通達1(8)，建物の区分所有等に関する法律2条8項）。

ただし，借地権付分譲マンションの貸宅地（底地）の評価においては，その借地権の目的となっている土地の上に存する家屋が分譲マンション又は賃貸マンションであってもなくても，土地所有者から見ればその利用の制約の程度は変わらない。

よって，マンション通達の適用はなく，基本通達評価額によることとなる（マンション通達2括弧書き）。

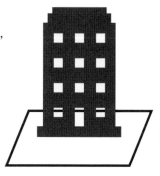

区分所有マンション（借地権に係る敷地利用権を含め）
⇒　対象

貸宅地（底地）
⇒　対象外

Q14 相続開始前変更

> 相続開始前に，区分所有登記がされている一棟所有マンションの区分所有登記を外した場合，マンション通達の適用対象外となるのか。

A 相続開始時において，区分所有登記がされていないマンションは，マンション通達の適用対象外となると解されるものの，調査等で否認のリスクはあるものと考えられる。

［解説］

マンション通達は，区分所有者が存する家屋を対象としている。この場合，区分建物の登記をすることが可能な建物であっても，課税時期において区分建物の登記がされていないものは，マンション通達の「一棟の区分所有建物」には該当しないとされている（マンション通達趣旨情報3⑴）。

よって，区分所有登記がされている一棟所有マンションについて，相続開始前に区分所有登記を外した場合は，マンション通達の適用対象外になるものと解せられる。

ただし，「被相続人の居住用財産の特別控除の特例」の通達（措通35-11）逐条解説では，「本適用を受けるためのみの目的で相続開始前に区分所有建物から区分所有でない建物に変更登記したとしても，本特例の適用がないことはいうまでもない」旨の記述がある（佐藤誠一郎編『令和4年版　譲渡所得・山林所得・株式等の譲渡所得等関係　租税特別措置法通達逐条解説』大蔵財務協会）。

このことから，区分所有マンションにおいても，相続開始直前に，マンション通達の適用回避を狙って，一棟所有マンションの区分所有登記を外した場合には，調査等において，マンション通達適用のリスクがあるものと考えられる。

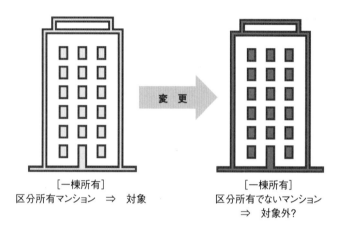

[一棟所有]
区分所有マンション　⇒　対象

[一棟所有]
区分所有でないマンション
　　　⇒　対象外?

Q15　不動産小口化商品

> 　区分所有建物を対象とする不動産小口化商品は，マンション通達の適用対象となるのか。

A　不動産小口化商品の対象物件が，区分所有されたマンションの場合は，マンション通達の適用対象となる。

［解説］

　不動産小口化商品の対象となる不動産は，オフィスビル，店舗（商業施設），アパート，マンション，戸建て，時間貸駐車場など様々である。

　マンション通達は，区分所有者が存する居住用家屋を対象としていることから，不動産小口化商品の対象物件が，区分所有マンションであれば，マンション通達の適用対象になる。

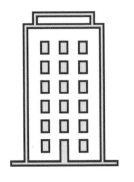

不動産小口化商品の対象が、
区分所有マンション
　⇒　マンション通達の対象

2 マンション通達による評価額の算出方法

Q16　評価額の算出

> マンション通達による評価額は，どのようにして算出するのか。

A　マンション通達による評価額は，次の計算式のとおり，基本通達評価額に区分所有補正率を乗じて算出する。

　　ただし，評価乖離率が零又は負数のものは，原則としてマンション通達により評価しない（マンション通達2・3ただし書き）。

≪計算式≫

　　マンション通達による評価額

　　　＝区分所有権（建物部分）の基本通達評価額×区分所有補正率

　　　＋敷地利用権（土地部分）の基本通達評価額×区分所有補正率

　(1)　評価水準が1を超える場合

　　　区分所有補正率　＝　評価乖離率（**Q17**参照）

　(2)　評価水準が0.6未満の場合

　　　区分所有補正率　＝　評価乖離率（**Q17**参照）× 0.6

　（注）　敷地利用権については，区分所有者が次のいずれも単独で所有している場合「区分所有補正率」は1を下限とする。

　　　　イ　一棟の区分所有建物に存する全ての専有部分

　　　　ロ　一棟の区分所有建物の敷地

［解説］

　マンション通達による評価額（評価乖離率が零又は頁数のものを含む。）は，その評価水準に応じ，建物部分である区分所有権と土地部分である敷地利用権とに分け，それぞれの基本通達評価額に区分所有補正率を乗じて算出する。

　なお，区分所有補正率は，区分所有権及び敷地利用権の評価上，同じ値となる。

　ただし，一棟の区分所有建物に存する全ての専有部分及び一棟の区分所有建物の敷地のいずれも単独所有している場合（評価乖離率が零又は負数のものを含む。），敷地利用権を求める際の「区分所有補正率」は1が下限となる（その敷地利用権の評価額は，路線価等を基に評価した基本通達評価額が下限となる。）。

　また，評価乖離率は，①築年数，②総階数（総階数指数），③所在階，④敷地持分狭小度の4つの変数に3.220の値を加算して算出する（**Q17**参照）が，評価乖離率が零又は負数のものについては，上記ただし書きに該当するものを除き，マンション通達により評価しないこととされている（マンション通達2・3ただし書き）。

　評価水準が1を超える（評価乖離率が1未満）区分所有マンションは，築年数が60年以上のものなど，あまり例は見られず，ましてや，評価乖離率が零又は負数の区分所有マンションとは築年数が100年以上経過した低層マンションなど，まずないものと考えられる。

　〈参考〉

　　評価水準が0.6未満の区分所有マンションの場合，評価乖離率に0.6を乗じることとされているが，この「0.6」は，一戸建ての相続税評価額が市場価格（売買実例価額）の6割程度の水準となっていること

を踏まえた数値であるとされている（令和5年10月6日国税庁「居住
用の区分所有財産の評価について」の法令解釈通達（案）に対する意
見募集の結果について」（以下，「マンション通達パブコメ意見への回
答」）6頁）。

Q17　評価乖離率

> 　評価乖離率とは，どのような変数で求められるのか。また，
> それぞれの変数の影響度はどの程度なのか。

A　評価乖離率は，①当該マンション一室に係る建物の築年数，②
当該マンション一室に係る建物の総階数による総階数指数，③当
該マンション一室の所在階，④当該マンション一室の敷地持分狭
小度の各変数を用い，次の計算式により算出する。

≪計算式≫

評価乖離率

＝ ①×△0.033 ＋ ②×0.239 ＋ ③×0.018 ＋ ④×△1.195 ＋
3.220

①：当該マンション一室に係る建物の「築年数」

②：当該マンション一室に係る建物の「総階数指数」とし
て，「総階数÷33」により計算した値

（なお，「総階数÷33」の値が1.0を超える場合は1.0）

③：当該マンション一室の「所在階」

④：当該マンション一室の「敷地持分狭小度」として，
「当該マンション一室に係る敷地利用権の面積÷当該

マンション一室に係る専有面積」により計算した値

［解説］

　評価乖離率を決める4つの変数である①築年数，②総階数（総階数指数）及び③所在階は建物に関する変数であり，④敷地持分狭小度は建物の敷地に関する変数である。

　評価乖離率の値が大きくなれば区分所有マンションの評価額が上がることとなる。

　それぞれの各変数の評価乖離率への影響は，次のとおりとなる。

(1)　築年数　古いマンションほど評価乖離率を押し下げる効果……中

　　一棟の区分所有建物の築年数が古いほど評価乖離率が低くなる。例えば，築年数が30年の場合には，評価乖離率を1弱押し下げる効果がある。

(2)　総階数（総階数指数）　高層階のマンションであっても評価乖離率を押し上げる効果……小

　　その建物の総階数が33階を超える場合には1.0となることから，最大でも評価乖離率を0.239押し上げる効果しかない。

(3)　所在階　高層階の所有マンションは評価乖離率を押し上げる効果……中（敷地持分狭小度より影響大（第3章【表16】77頁参照））

　　一室の区分所有権等に係る専有部分の所在階数が高ければ高いほど，評価乖離率を押し上げる効果がある。

(4)　敷地持分狭小度　都心の高層マンションは評価乖離率を押し下げる効果……小

　　一般的には，都心の高層マンションほど，一室の専有面積に対

44

する敷地利用権の面積は小さくなる傾向があり，その敷地持分狭小度も小さくなる。

Q18　今後のマンション通達改正

マンション通達の評価乖離率などは，路線価のように毎年改正されるのか。

A　マンション通達については，少なくとも3年間は改正がなく，路線価のように毎年の改定はないものと想定される。

［解説］

国税庁では，マンション通達の今後の見直しについて，「3年に1度行われる固定資産税評価の見直しに併せて行うことが合理的であり，改めて実際の取引事例についての相続税評価額と売買実例価額との乖離状況等を踏まえ，その要否を含めて行うことを考えています。」旨の考え方を示している（マンション通達パブコメ意見への回答8頁）。

よって，路線価のように毎年の改定はなく，少なくとも今後3年間，評価乖離率を含むマンション通達の改定はないものと想定される。

ただし，地価やマンション市場の暴騰・暴落など，社会経済情勢の急変があった場合には，3年を待たずともマンション通達が改定されることも考えられる。

Q19 総則6項の適用

> マンション通達による評価に対して，財産評価基本通達総則6項は適用されるのか。
>
> 〈参考〉財産評価基本通達　総則6項
> 　「この通達の定めによって評価することが著しく不適当と認められる財産の価額は，国税庁長官の指示を受けて評価する。」

A　マンション通達によって評価することが著しく不適当と認められる場合には，財産評価基本通達総則6項の適用はあるものと考えられる。

［解説］

国税庁では，マンション通達趣旨情報において，「本通達及び評価通達の定める評価方法によって評価することが著しく不適当と認められる場合には，評価通達6が適用される。」としている（マンション通達趣旨情報14頁）。

よって，区分所有マンションの評価額が，マンション通達の適用により，基本通達評価額を上回る額となったとしても，市場売買価額と著しい乖離があり，かつ，近い将来相続が発生することが見込まれる者及びその推定相続人等が，相続税節税目的で，多額の融資を受け，マンションを購入する場合など，マンション通達により評価することが著しく不適当と認められる場合には財産評価基本通達総則6項の適用はあり得ると考えられる。

なお，マンション通達において，どのような場合に総則6項が適用されるかについての具体的な取扱いは示されていない。

Q20　課税時期における時価（市場価格）を上回る場合

　マンション通達による評価額が時価（課税時期における市場価格）を上回る場合においても，マンション通達を適用しなければならないのか。

A　マンション通達による評価額が適当でないと認められる場合には，個別に課税時期における時価（市場価格）を鑑定評価その他合理的な方法により算定することができるものと考えられる。

［解説］

　国税庁では，マンション通達趣旨情報において，「マンションの市場価格の大幅な下落その他本通達の定める評価方法に反映されない事情が存することにより，<u>本通達の定める評価方法によって評価することが適当でないと認められる場合には，個別に課税時期における時価を鑑定評価その他合理的な方法により算定し，一室の区分所有権等に係る敷地利用権の価額とすることができる。</u>この点は，他の財産の評価におけるこれまでの扱いと違いはない。」としている（マンション通達趣旨情報14頁）。

　なお，マンション通達における「評価水準が1を超える場合」の評価水準で用いる評価乖離率で求められる市場価格は，築年数，総階数，所在階及び敷地持分狭小度の各変数等による理論値を用いた

価額であって，「課税時期における時価」ではないことは明らかである。

このことから，マンション通達による評価額が適当でないと認められる場合には，個別に課税時期における時価（市場価格）を鑑定評価その他合理的な方法により算定することができるものと考えられる。

ただし，これまでの裁判例や裁決例では，基本通達評価額が課税時期における時価（市場価格）を上回るとして鑑定評価書による評価額や相続開始後の売却価額でもって申告した事例に対し，「特別の事情」がないなどとして，基本通達評価額で是正される事例が散見される。

よって，調査等により是正されるリスクはあるものとして注意しておきたい。

下記の裁判例などからは，どのような場合が「マンション通達による評価が適当でないと認められる場合」に該当し，「鑑定評価その他合理的な方法」とはどのような方法なのかは明確でなく，国税庁から，その具体的な取扱いについての発信を待ちたいところである。

〈参考①〉

裁判例では，「原則として，すべての納税者に対して財産評価基本通達に基づく評価を行う必要があ（る。）」（平成17年5月31日大阪高等裁判所（平成16年（行コ）第95号，上告審：平成18年7月14日最高裁判所第二小法廷（平成17年（行ツ）279号，平成17年（行ヒ）300号（上告棄却，不受理）。

また，裁決例では，令和5年2月9日裁決（名裁（諸）令4第8号（棄却）月刊「税理」2023年5月号129頁参照）などがある。

〈参考②〉

令和5年6月22日開催「マンションに係る財産評価基本通達に関する有識者会議」では、「当該評価方法に従って評価することが適当でないと認められる場合は、個別に課税時期における時価を鑑定価格その他合理的な方法により算定する旨を明確化する。」とされている。

Q21　相続税節税対策としての区分所有マンション

相続税の節税対策として、区分所有マンションの購入（投資）は、有効な対策ではなくなったのか。

A　相続税節税対策として、区分所有マンションを含む不動産は、預貯金、有価証券に比較し、依然、その優位性はある。ただし、相続税節税対策としての区分所有マンションの購入（投資）は、建立地域、市場流通価額などの検討が必要である。

［解説］

マンション通達は大多数のマンションが対象となり、都心の超高層マンションでは、マンション通達による評価額が、基本通達評価額よりも2倍近くまで上昇するものがある（第3章【表17】80頁参照）。

しかし、①評価水準は市場価格（理論値）の6割までしか引き上げられないこと、②市場価格（理論値）の算出変数は平成30年中の全国の中古マンションの取引事例を基としており、最近のマンション価格の上昇は考慮されていないこと、③マンション通達による評

価額の引上げは土地に対しても行われ，その結果，小規模宅地等の特例を受ける場合はその適用額も大きくなるなどより，相続対策として，居住用の区分所有マンションを保有する優位性は依然としてあるものと考えられる。

なお，区分所有マンションの全てが同様な節税効果があるとはいえず，特に，首都圏のマンションの市場価格の上昇は著しいことから，その節税効果は，「都心の高層マンション」＞「近郊都市の高層マンション」＞「地方都市の高層マンション」の順に低くなる（54頁の「市場価格とマンション通達評価額の開差等」参照）。

また，リゾートマンションでは，マンション通達による評価額が市場価格よりも高くなるものもあり（第3章【表24】91頁参照），さらに，最近では，隣国の富裕層が東京都心のタワマンを買いあさり，その価額が高騰しているとのニュースも流れている。

おって，マンション通達評価による区分所有マンションといえども，財産評価基本通達総則6項適用のおそれはあり得る（**Q19**参照）。

これらのことから，相続税節税対策として，区分所有マンションを含む不動産は，預貯金，有価証券に比較し，依然，その優位性はあるものの，その購入（投資）に当たっては，建立地域，市場流通価額，財産評価基本通達総則6項の適用などを考慮した上で，慎重に行うことが肝要であろう。

　※　マンション通達適用を踏まえた相続税対策としてのタックスプランニングについては，第3章参照。

〔かわい・あつし〕

第3章
マンション通達を踏まえたタックスプランニング

税理士法人チェスター審査部　税理士　**前山　静夫**

ポイント

1　通達改正により市場価格との乖離差は狭まるとはいえ，依然としてマンション節税は相続税対策として有効である。

2　地方都市と比べてマンション需要が高い都心部ほど市場価格との乖離差は大きい。

3　都心部では，地方都市に比べて相対的に地価が高く，土地建物に占める土地の評価額の割合が大きいため，小規模宅地等の特例を適用した節税策が有効。

4　タワーマンションは，通達改正の影響が最も大きいが，市場価格との乖離差も依然として大きい。

5　マンションの贈与を行う場合は，相続時精算課税制度の選択や今後の価格予想等を考慮した上で，贈与の時期を決定する。

6　マンション通達適用により相続税の課税人員の増加が見込まれる。

7　マンション節税は有効だが，過度な節税は総則6項の適用がないわけではない。

○ はじめに

　現有財産に占める現金・預金の割合が多い人のタックスプランニングとして，まずは，相続税の課税対象となる相続財産そのものを減らすことが挙げられる。これには，暦年課税制度や相続時精算課税制度を活用し，推定相続人・推定受遺者（以下，「推定相続人等」という。）への生前贈与あるいは推定相続人等以外の人への生前贈与を行う方法がある。令和5年度税制改正により，暦年課税制度の生前贈与加算期間が相続開始前3年以内から7年以内に延長されること，相続時精算課税制度に暦年課税制度の基礎控除額110万円とは別に新たに基礎控除額110万円が導入されることを踏まえ，家族構成・現有財産の状況，推定相続人等の相続開始年齢などを勘案し，入念なシミュレーションを行った上で，推定相続人等への贈与額を決定するなどのタックスプランニングが求められる（月刊『税理』令和5年4月臨時増刊号参照）。

　また，贈与税の非課税措置である「直系尊属から教育資金の一括贈与を受けた場合の贈与税の非課税制度」，「直系尊属から結婚・子育て資金の一括贈与を受けた場合の贈与税の非課税制度」，「直系尊属から住宅取得等資金の贈与を受けた場合の贈与税の非課税制度」などを活用した節税策がある。

　次に，相続財産そのもの減らすわけではなく，金融資産から不動産などに財産構成を組み換え，相続税評価額を下げることが挙げられる。相続税の節税対策として広く行われているのが賃貸マンションの取得で，時価（市場売買価格）と相続税評価額との乖離を利用した節税策である。

令和5年9月28日付「居住用の区分所有財産の評価について」（法令解釈通達）（以下「マンション通達」という。）の適用によって，マンション評価額が高くなるとはいえ，依然として，遺産分割対策，納税資金対策，相続税節税対策として，マンションを活用した対策は有効であり，これらを踏まえたタックスプランニングが求められる。

1 マンション通達を踏まえたシミュレーションの概要

本稿における各事例のシミュレーション結果を集約し，市場価格とマンション通達による評価額（以下「マンション通達評価額」という。）との開差の大きい順に並び替えると，都心の超高層マンション（タワマン）が5.2倍と最も大きい。そして，各事例のマンションにつき市場価格5千万円当たりに換算したマンション通達評価額を比較すると963万円で最も低くなっていることから，都心のタワマンを利用した節税策は，他のマンションを利用した節税策よりも効果が大きく，マンション通達を適用しても引き続き有効といえる。

市場価格とマンション通達評価額との開差は都心のタワマンに次いで，都心のワンルームマンション，近郊都市の超高層マンション（タワマン），都心の高層マンションの順に続き，タックスプランニングを考える上で，都心，近郊都市及び地方都市の立地条件の検討やワンルームマンションの活用も考慮する必要がある。そこで，本稿では，事例別にマンション通達を踏まえた具体的な考え方と懸念される留意点等について解説する。

<市場価格とマンション通達評価額の開差等>

マンションの区分	事例	表番号	市場価格と評価額の開差	マンション通達評価額(市場価格5千円当たり)			東京駅からの鉄道最短距離
				計	建物	土地	
都心の超高層マンション(タワマン)	事例4	17	5.2	963万円	354万円	609万円	4.9km
都心のワンルームマンション	事例10	30	3.3	1,530万円	497万円	1,034万円	18.7km
近郊都市の超高層マンション(タワマン)	事例5	19	3.1	1,600万円	887万円	713万円	24.4km
都心の高層マンション	事例1	7	2.4	2,095万円	392万円	1,704万円	6.8km
ビンテージマンション	事例6	21	2.3	2,169万円	205万円	1,964万円	11.8km
近郊都市の高層マンション	事例2	10	1.9	2,638万円	1,376万円	1,263万円	27.8km
都心のワンルームマンション	事例8	25	1.6	3,172万円	891万円	2,281万円	1.3km
地方都市の高層マンション	事例3	13	1.5	3,347万円	2,614万円	733万円	115.0km
リゾートマンション	事例7	23	1.2	4,152万円	4,114万円	38万円	104.6km
地方都市のワンルームマンション	事例9	28	0.9	5,672万円	5,017万円	655万円	115.0km

2 中古マンション市場の動向等

　新築マンションの価格については，土地の取得費用及び建物の建設費用の原価に加え，販売経費及び利益によって構成され，1棟全体としての販売額を決定した上で，各戸の階数，専有面積，日当たり及び眺望などを勘案し，マンション1戸当たりの価格が決定されるといわれている。また，中古マンションの価格決定については，需要と供給により，地域や最寄り駅からの距離，駅を中心とした商業施設の賑わいなどの立地条件が価格決定の主要素となり，次いで専有面積，間取り，築年数の要素が加味される。中古マンション1棟全体の各戸が一斉に売りに出されることはないため，同一マンションの所在階の価格の相違は新築マンションのような比較はできない。

　マンション通達は市場価格（理論値）と建物及び土地の評価額との評価乖離率を求め，この評価乖離率の値に0.6を乗じて計算することを基本としている。相続開始時において被相続人の相続財産で

あるマンションは，新築ではなく中古であるから，まずは中古マンション市場の動向について概観したい。

1　中古マンションの成約件数の推移

　首都圏*1の中古マンションの2022年における成約件数は前年を下回り，3万5,429件となったものの10年前の2012年の3万1,397件と比較すると4,032件の増加，近畿圏*2の中古マンションの2022年における成約件数は1万7,250件で2012年の1万4,934件と比較すると2,316件の増加，中部圏*3の中古マンションの2022年分における成約件数は5,662件で2012年の5,126件と比較すると536件の増加となっている（表1）。

【表1】中古マンションの成約件数の推移

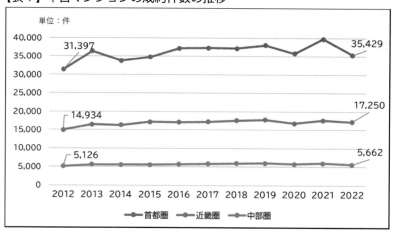

（出典）不動産流通機構（東日本レインズ、中部レインズ及び近畿レインズ）公表資料より筆者作成

---

*1　本稿における首都圏とは，東京都，埼玉県，千葉県及び神奈川県をいう。
*2　本稿における近畿圏とは，大阪府，兵庫県，京都府，滋賀県，奈良県及び和歌山県をいう。
*3　本稿における中部圏とは，富山県，石川県，福井県，岐阜県，静岡県，愛知県及び三重県をいう。

東京駅を起点とした各マンションの最寄り駅までの鉄道路線の最短距離（20km 以内，21から40km 及び41km 以上の刻み）ごとの成約件数を比較すると，東京駅を起点として20km 以内のマンションの成約件数が最も多く，21から40km のマンションの約1.5倍，40km 以上のマンションの約4.7倍である。また，20km 以内のマンションの2022年における成約件数は，同距離の2012年の1.2倍であるのに対し，21から40km 及び40km 以上の成約件数は1.0倍を切っており，これらの数値からも都心部の需要（人気）が高いことが窺える（表2）。

【表2】中古マンションの成約件数の推移（東京駅からの距離別）

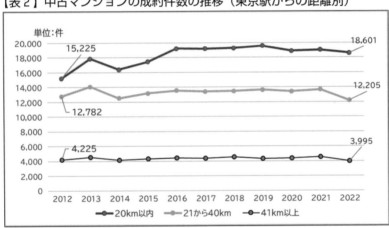

（注）距離は、東京駅を起点とした各マンションの最寄り駅までの鉄道路線最短距離を示す。
（出典）不動産流通機構（東日本レインズ）公表資料より筆者作成

②　中古マンションの成約価格の推移

　首都圏，近畿圏及び中部圏の中古マンションの成約価格は10年連続でそれぞれ上昇した。

　首都圏の中古マンションの2022年における成約価格は4千万円台

の4,276万円であり，2018年（平成30年）の1.3倍となった。近畿圏の中古マンションの2022年における成約価格は2,491万円，中部圏の中古マンションの2022年分における成約価格は2,193万円であり，それぞれ2018年（平成30年）の1.2倍となった（表3）。

【表3】中古マンションの成約価格の推移

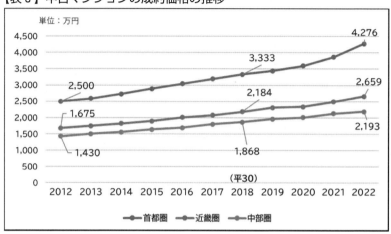

（出典）不動産流通機構（東日本レインズ、中部レインズ及び近畿レインズ）公表資料より筆者作成

③ 超高層マンションの棟数等の状況

マンション通達では総階層及び所在階の指標を設けていることから，影響が大きいとされる超高層マンションの棟数及び戸数の状況について確認したい。

2023年以降に完成予定の超高層マンション（階高20階建て以上）は，全国で287棟，11万4,205戸であり，首都圏では168棟，8万4,671戸，近畿圏では50棟，1万6,578戸，その他の地域で69棟，1万2,956戸となっており，その棟数等の伸びは著しいといえる（表4）。

【表４】超高層マンションの完成（予定）年次別計画棟数・戸数（全国）

階高20階建て以上

完成 （予定）	首都圏		近畿圏		その他		合 計		累 計	
	棟数	戸数	棟数	戸数	棟数	戸数	棟数	戸数	棟数	戸数
2013年	35	9,611	18	6,133	12	2,278	65	18,022	65	18,022
2014年	24	5,620	17	5,091	4	644	45	11,355	110	29,377
2015年	33	13,624	10	3,015	12	2,182	55	18,821	165	48,198
2016年	18	7,857	8	2,200	8	2,047	34	12,104	199	60,302
2017年	20	5,900	7	2,676	12	2,622	39	11,198	238	71,500
2018年	19	5,680	10	2,209	12	2,116	41	10,005	279	81,505
2019年	28	8,547	18	5,239	17	3,253	63	17,039	342	98,544
2020年	21	7,577	8	1,688	13	2,726	42	11,991	384	110,535
2021年	22	6,851	8	3,171	21	3,944	51	13,966	435	124,501
2022年	10	3,801	8	1,748	15	2,695	33	8,244	468	132,745
2023年	24	10,239	13	3,031	22	4,451	59	17,721	527	150,466
2024年	26	9,469	14	4,314	21	3,175	61	16,958	588	167,424
2025年	41	19,386	5	1,037	13	2,648	59	23,071	647	190,495
2026年	25	15,187	9	4,764	5	839	39	20,790	686	211,285
2027年	52	30,390	9	3,432	8	1,843	69	35,665	755	246,950
2023年以降計	168	84,671	50	16,578	69	12,956	287	114,205	—	—

（出典）　株式会社不動産経済研究所（2023/05/16全国超高層マンション市場）公表資料より抜粋し一部加工

４ 賃貸マンションの成約状況等

　金融資産を賃貸マンションに組み換え，相続税評価額を下げることによって，相続税の節税を図ることができるほか，賃貸収入を貯蓄し将来の納税資金に備えることができる，遺産分割において物件を売却し換金した上で相続人に分割できるなど遺産分割対策としてもメリットが大きいことから，賃貸マンションへの投資は一定の需要がある。首都圏における賃貸マンションの成約件数については，2020年度に11万4,174件まで落ち込んだものの，その後上昇を続け2022年度には12万4,378件となった（表５）。首都圏における2022年の転入超過の状況は，東京，神奈川，埼玉，千葉の順であり（表６），成約件数はこのような状況を反映したものといえよう。

【表５】首都圏における賃貸マンションの成約状況

	2017年度	2018年度	2019年度	2020年度	2021年度	2022年度	左記の値の推移
件数(件)	139,840	132,455	122,285	114,174	115,826	124,378	
賃料(万円)	9.1	9.1	9.1	9.3	9.2	9.2	
面積(㎡)	35.79	35.30	35.09	34.83	34.00	33.63	
1㎡単価(円/㎡)	2,533	2,580	2,598	2,660	2,714	2,743	

（出典）　不動産流通機構（東日本レインズ）公表資料より筆者作成

【表６】都道府県別転入超過数（2021年，2022年）

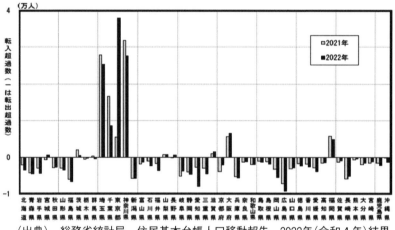

（出典）　総務省統計局　住民基本台帳人口移動報告　2022年（令和４年）結果

　また，このような転入超過の状況を受け，首都圏の一部自治体においては，ワンルームの建築を抑制し居住環境の整備を図る観点から狭小住宅集合住宅税（いわゆる「ワンルームマンション税」）を定めている（参考）。

　１戸当たり面積は年々縮小し，2022年度には33.63㎡となる一方，賃料の㎡単価は年々上昇し2022年度には2,743円となっている（表５）。土地の取得費用や建設費用の上昇，ワンルームマンション税の制定による製造原価の上昇に加え，単身世帯の需要による１棟当

たりの戸数の増加などワンルームマンションへの指向を反映したものと推察される。

【参考】狭小住戸集合住宅税の課税の趣旨等

・この税は，狭小な住戸を有する集合住宅の建築を抑制し，得られた税を良好な住宅供給の支援に投入することによって，ゆとりある住環境を実現しようとするものです。

・区内の最近の世帯構成は，全世帯のうち単身世帯が約56％という偏った状況になっています。また一方では，区内の住宅で30平方メートルに満たない集合住宅の占める割合は約40％にもなり，いずれも23区で最も高くなっています。

・偏った世帯構成の背景には，居住したくてもファミリー世帯向けの良質な住宅が少ない，という区内の住宅事情が反映されています。単身者向け住宅ももちろん必要ですが，狭い形態ばかりに偏った住宅の供給は，地域の構成員を限定させ，子育て，教育，福祉，町会活動など，多様な世帯が協力して地域ぐるみで行うべきまちづくりに将来，重大な支障をきたすことが懸念されます。

・そこで，一定戸数以上の狭小な住戸を有する集合住宅を建築しようとする建築主へ課税することにより，負担が重くなるという状況を作り出すことで，1戸あたりの面積が少しでも広い住宅の供給を誘導していきます。

○納税義務者　狭小住戸を有する集合住宅の建築等を行う建築主
○税率　狭小住戸1戸につき50万円
（出典）　豊島区ホームページ抜粋

---

3 中古マンション取得のメリット・デメリット等

　財産構成を金融資産からマンションに組み換えることにより，相続税評価額を下げることは節税策として有効である一方，多額の支出を伴うため，不安視する向きもあるであろう。そこで，中古マンションを取得した場合，相続税の節税対策のほか，どのようなメリット・デメリットがあるか確認しておきたい。

1 メリット

イ　遺産分割対策
・マンションは市場性・流通性が高いことから，相続人が複数人いる場合，物件を換金することにより，売却代金を現金で分割することが可能であり，相続争いを避けることができる。
・ワンルームマンションを相続人の人数分購入することにより，マンションを現物のまま相続することができる。

ロ　納税資金対策
・マンションを賃貸し，賃貸収入を貯蓄し将来の納税資金に備えることができる。
・物件を換金することにより，納税資金に充てることができる。

ハ　そ　の　他
・希望する地域や築年数，価格など選択肢が多い。
・新築マンションと比べ価格が安い（価格差をリノベーション費用に充てることも可能）。
・資産価値が保持されやすい物件も多い（一般に中古マンションは，

一戸建てに比べ価格の下落が緩やかであるといわれている。)。

・売主が個人の場合，消費税が課税されない。

② デメリット

・昭和56年以前の旧耐震基準で建てられた建物は新耐震基準を満たしていない。

・建物が老朽化しており，修繕費などの負担が増える可能性がある。

・修繕積立金残価が不足していることがある。

・現在，都心では中古マンションも価額が上昇しているものもあるが，他の地域を含め価額変動のリスクがある。

・賃貸マンションは，相続開始時に入居者がおらず，評価額が上がるおそれがある。

4 マンションを活用した相続税対策等

　暦年課税制度及び相続時精算課税制度を利用して生前贈与を行った場合には，相続開始時に贈与財産のうち一定額を相続財産に加算しなければならないが，財産構成を金融資産から不動産に組み換えることによって得られる評価額の減少は，相続開始時に生前贈与加算の対象にならない。さらに，不動産を賃貸することにより，貸家建付地評価による評価額の減少を図ることができるほか，一定額の収益を確保することも可能である。また，マンションは，アパートや戸建て住宅に比べ市場流通性が高いことから，売却することによって不動産を金融資産に換えることが容易であり，相続対策として多くのメリットがある。

そこで，財産評価基本通達による評価額（以下「基本通達評価額」といい，マンション通達評価額と併せて「通達評価額」という。）とマンション評価通達による評価額について，市場価格との開差がどれくらいであるのか考察するとともに，地域，築年数，総階数及び居住階数等の相違によって，課税価格及び相続税額（以下「課税価格等」という。）はどれくらい変わるのか，事例別に考察し留意点などを解説する。

　　≪事例１≫　都心の高層*4マンション
　　≪事例２≫　近郊都市の高層マンション
　　≪事例３≫　地方都市の高層マンション
　　≪事例４≫　都心の超高層マンション
　　≪事例５≫　近郊都市の超高層マンション
　　≪事例６≫　ビンテージマンション
　　≪事例７≫　リゾートマンション
　　≪事例８≫　都心の賃貸ワンルームマンション①
　　≪事例９≫　地方都市の賃貸ワンルームマンション
　　≪事例10≫　都心の賃貸ワンルームマンション②

（各事例共通事項等）

・各事例は筆者の所属の税理士法人の事例等を参考に，筆者が設定した。

・マンションの名称及び評価乖離率算定の基礎となる敷地利用権の面積については記述を割愛した。

・各事例のマンション通達評価額の理論値は次により計算した。

＊４　マンションは階層の違いによって，一般に低層（１～３階），中層（３～５階），高層（６～19階），超高層（20階以上）に分類される。日本マンション学会編『マンション学事典』（民事法研究会）

基本通達評価額（建物・土地）×評価乖離率

・各事例の「市場価格」は，各事例と同一マンションについて，住宅情報サイトから，近接する所在階及び専有面積の売買実例価額を採用した。

・小規模宅地等の特例は特定居住用宅地等に該当するものとして80％を減額した。

・賃貸ワンルームマンションの建物については，貸家の評価減（1×0.3）を行った。

・賃貸ワンルームマンションの土地については，貸家建付地の評価減（1×0.8×0.3）を行った*5。

1 高層マンションの立地条件による評価額の相違等

　マンションの需要（人気）は都心からの距離が大きく影響していることから，立地条件の相違が市場価格の形成に与える影響は大きく，通達評価額との開差も大きい。参考地図は，東京駅を起点として，半径8km，30km及び100kmの範囲を同心円で表したものである。

　事例1は東京駅を起点とした最寄り駅までの鉄道路線最短距離6.8kmのところに立地する都心の高層マンション，事例2は同最短距離27.8kmのところに立地する近郊都市の高層マンション，事例3は同最短距離115.0kmのところに立地する地方都市の高層マンションであり，いずれも専有面積70㎡前後のファミリータイプのマンションである。事例1から事例3の評価乖離率は2.289から2.390であり，数値が比較的近似している物件を抽出した。

---

*5　事例8は借地権割合0.8，事例9は同割合0.5，事例10は同割合0.7で計算した。

各マンションを取得し相続が開始した場合のシミュレーション結果から次の①から④の項目について下線の判断を行うことができる。都心のマンション，近郊都市の高層マンション及び地方都市の高層マンションを比較すると，都心の高層マンションほど市場価格と通達評価額の開差が大きく，相続税の節税対策としては，都心の高層マンションを取得した方がより有効であるといえる。また，都心ほど土地の評価額が高いことから，小規模宅地等の特例の適用が可能な場合，より大きな節税効果を期待することができる。

①　市場価格と通達評価額の開差

　市場価格と通達評価額との開差は都心ほど大きい。

都心の高層マンション	基本通達評価額との開差3.3倍 マンション通達評価額との開差2.4倍
近郊都市の高層マンション	基本通達評価額との開差2.6倍 マンション通達評価額との開差1.9倍
地方都市の高層マンション	基本通達評価額との開差2.1倍 マンション通達評価額との開差1.5倍

②　市場価格1千万円当たりのマンション通達評価額

　市場価格1千万円当たりのマンション通達評価額は開差の小さい地方都市ほど高い。

都心の高層マンション	419万円（建物78万円，土地341万円）
近郊都市の高層マンション	528万円（建物275万円，土地253万円）
地方都市の高層マンション	669万円（建物523万円，土地147万円）

③　市場価格5千万円相当のマンション通達評価額

市場価格1千万円当たりのマンション通達評価額を市場価格5
　千万円当たりに換算

　　　都心の高層マン　　2,095万円（建物392万円，土地1,704万円）
　　　ション

　　　近郊都市の高層　　2,638万円（建物1,376万円，土地1,263万円）
　　　マンション

　　　地方都市の高層　　3,347万円（建物2,614万円，土地733万円）
　　　マンション

④　市場価格5千万円当たりに換算したマンション通達評価額に
　小規模宅地等の特例を適用

　　土地の評価額が高い都心ほど減額幅が大きく，マンション全体
　の評価額も下がる。

　　　都心の高層マン　　732万円　（建物392万円，土地341万円）
　　　ション

　　　近郊都市の高層　　1,628万円　（建物1,376万円，土地253万円）
　　　マンション

　　　地方都市の高層　　2,761万円　（建物2,614万円，土地147万円）
　　　マンション

⑤　小宅適用のない場合の評価額に対する小宅適用のある場合の
　評価額の割合

　　土地の評価額が高い都心ほど減額幅が大きく，評価額の割合も
　低くなる。

　　　都心の高層マンション　　　　34.9％　（732万円/2,095万円）
　　　近郊都市の高層マンション　　61.7％　（1,628万円/2,638万円）
　　　地方都市の高層マンション　　82.4％　（2,761万円/3,347万円）

【参考地図】東京駅を起点とした 8 km～100km 圏内の鉄道路線駅の状況

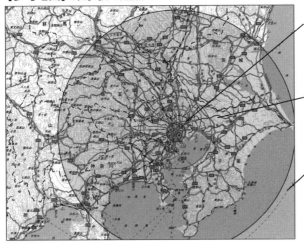

半径 8km 圏内
≪8km 地点≫
王子、北千住、葛西
臨海公園、大崎、

半径 30km 圏内
≪30km 地点≫
大宮、柏、横浜、保土
ヶ谷、国立

半径 100km 圏内
≪100km 地点≫
前橋、宇都宮、水戸、
伊東、三島、山梨

≪事例 1 ≫都心の高層マンション

> 所在地　港区高輪　東京駅を起点とした最寄り駅までの鉄道路
> 線最短距離　6.8km
> 総階数10階　所在階数 2 階　築16年　総戸数約130戸　取得価
> 額 1 億5,000万円
> 推定相続人　子 2 人（基礎控除4,200万円）

　本事例は，金融資産を所有する推定被相続人が都心の中古高層マンションを取得し，相続が開始した場合，どれくらい相続税の軽減が図られるかシミュレーションしたものである。

　現有資産が，2 億円，3 億円，5 億円及び10億円それぞれの場合において，推定被相続人が単に中古マンションを取得した場合，取得したマンションに居住し小規模宅地等の特例を適用する場合，そ

れぞれについてシミュレーションを行った。なお，計算上，取得した時から相続開始までの間の築年数の増加は加味していない（以下の事例も同様）。

【通達評価額と市場価格の開差等】

　事例のマンションについては，基本通達評価額では建物854万円，土地3,717万円で合計4,571万円である。マンション通達に基づいて求めた評価乖離率は2.289であり，評価水準は0.6未満となることから，計算式で求めたマンション通達評価額は，建物1,173万円，土地5,104万円で合計6,277万円である。そして，市場価格は14,980万円であり，基本通達評価額との開差は3.3倍，マンション通達評価額との開差は2.4倍である。また，市場価格1,000万円当たりのマンション通達評価額は，建物78万円，土地341万円で合計419万円である。よって，市場価格5,000万円相当のマンションは，建物392万円，土地1,704万円で合計2,095万円となる（表7）。

【表7】

| | Ⓐ基本通達評価額（万円） | マンション通達評価額 | | Ⓓ市場価格（万円） | 開差（万円） | | | | 計数 |
		Ⓑ理論値（万円）	Ⓒ Ⓑ×0.6（万円）		（Ⓓ／Ⓐ）Ⓓ－Ⓐ	（Ⓓ／Ⓒ）Ⓓ－Ⓒ		所在地	港区高輪
								築年数	16年
建物	854	1,955	1,173		（3.3倍）	（2.4倍）		総階数	10階
土地	3,717	8,507	5,104					所在階数	2階
合計	4,571	10,462	6,277	14,980	10,409	8,703		専有面積	66.03㎡
マンション通達評価額	市場価格1千万円当り評価額	建物	78	市場価格5千万円相当の評価額	建物	392		建物(固評)	8,541,300円
		土地	341		土地	1,704		土地(路線)	1,320,000円
		合計	419		合計	2,095		評価乖離率	2.289

【シミュレーション結果】

　相続税対策を行わず，金融資産のみを所有し相続が開始した場合，現有財産2億円の場合の相続税額は3,340万円，同財産3億円の場合の同税額は6,920万円，同財産5億円の場合の同税額は1億5,210万円，同財産10億円の場合の同税額は3億9,500万円である（表8

①②）。

　これに対し，本マンションを１億5,000万円で取得し相続が開始した場合，マンション通達評価額を用いるなどして求めた課税価格は，現有財産２億円の場合１億1,277万円，同財産３億円の場合２億1,277万円，同財産５億円の場合４億1,277万円，同財産10億円の場合９億1,277万円となる（表8⑥）。

　節税効果は，現有財産２億円の場合2,325万円，同財産３億円の場合3,197万円，同財産５億円の場合3,779万円，同財産10億円の場合4,361万円となる（表8⑧）。

【表8】

			現有財産⇒	10,000 万円	20,000 万円	30,000 万円	50,000 万円	100,000 万円
相続税対策なし		①課税価格	金融資産	—	20,000	30,000	50,000	100,000
		②相続税額		—	3,340	6,920	15,210	39,500
金融資産をマンションに組み換える	基本通達評価額（～令5.12.31）	③課税価格	マンション	—	4,571	4,571	4,571	4,571
			金融資産	—	5,000	15,000	35,000	85,000
			計	—	9,571	19,571	39,571	89,571
		④相続税額		—	706	3,211	10,748	34,286
		⑤（②－④）		—	2,634	3,709	4,462	5,214
	マンション通達評価額（令6.1.1～）	⑥課税価格	マンション	—	6,277	6,277	6,277	6,277
			金融資産	—	5,000	15,000	35,000	85,000
			計	—	11,277	21,277	41,277	91,277
		⑦相続税額		—	1,015	3,723	11,431	35,139
		⑧（②－⑦）		—	2,325	3,197	3,779	4,361

（注）⑤及び⑧は金融資産をマンションに組み換えた場合との相続税額の軽減額を示す。

　また，相続が開始し，マンション通達評価額に小規模宅地等の特例を適用するなどして求めた課税価格は，現有財産２億円の場合7,194万円，同財産３億円の場合１億7,194万円，同財産５億円の場合３億7,194万円，同財産10億円の場合８億7,194万円となる（表9⑫）。

　節税効果は，現有財産２億円の場合2,991万円，同財産３億円の場合4,422万円，同財産５億円の場合4,612万円，同財産10億円の場

合6,403万円となる（表9⑭）。

　なお，小規模宅地等の特例の適用を行わなかった場合の課税価格に対する小規模宅地等の特例を適用した場合の課税価格の割合は，現有財産2億円の場合63.8%，同財産3億円の場合80.8%，同財産5億円の場合90.1%，同財産10億円の場合95.5%となる（表9⑮）。

【表9】小規模宅地等の特例の適用対象となる場合

			現有財産⇒	10,000万円	20,000万円	30,000万円	50,000万円	100,000万円
金融資産をマンションに組み換える	基本通達評価額（〜令5.12.31）	⑨課税価格	マンション	―	1,597	1,597	1,597	1,597
			金融資産	―	5,000	15,000	35,000	85,000
			計	―	6,597	16,597	36,597	86,597
		⑩相続税額		―	260	2,319	9,559	32,799
		⑪（②−⑩）		―	3,080	4,601	5,651	6,701
	マンション通達評価額（令6.1.1〜）	⑫課税価格	マンション	―	2,194	2,194	2,194	2,194
			金融資産	―	5,000	15,000	35,000	85,000
			計	―	7,194	17,194	37,194	87,194
		⑬相続税額		―	349	2,498	10,598	33,097
		⑭（②−⑬）		―	2,991	4,422	4,612	6,403
		⑮（⑫÷⑥）			63.8%	80.8%	90.1%	95.5%

(注) 1.⑪及び⑭は金融資産をマンションに組み換えた場合の相続税額の軽減額を示す。
　　 2.⑮は小規模宅地等の特例の適用対象となる場合の割合を示す。

≪事例2≫近郊都市の高層マンション

> 所在地　さいたま市　東京駅を起点とした最寄り駅までの鉄道路線最短距離　27.8km
> 総階数9階　所在階数9階　築15年　総戸数約70戸　取得価額3,200万円
> 推定相続人　子2人

　本事例は，金融資産を所有する推定被相続人が近郊都市の中古高層マンションを取得し，相続が開始した場合，どれくらい相続税の

軽減が図られるかシミュレーションしたものである。

　現有資産が，１億円，２億円，３億円，５億円及び10億円それぞれの場合において，推定被相続人が単に中古マンションを取得した場合，取得したマンションに居住し小規模宅地等の特例を適用する場合，それぞれについてシミュレーションを行った。

【通達評価額と市場価格の開差等】

　事例のマンションについては，基本通達評価額では建物631万円，土地580万円で合計1,211万円である。マンション通達に基づいて求めた評価乖離率は2.310であり，評価水準は0.6未満となることから，計算式で求めた評価額は，建物875万円，土地803万円で合計1,678万円である。そして，市場価格は3,180万円であり，基本通達評価額との開差は2.6倍，マンション通達評価額との開差は1.9倍である。また，市場価格1,000万円当たりのマンション通達評価額は，建物275万円，土地253万円で合計528万円である。よって，市場価格5,000万円相当のマンションは，建物1,376万円，土地1,263万円で合計2,638万円となる（表10）。

【表10】

	ⓐ基本通達評価額（万円）	マンション通達評価額		ⓓ市場価格（万円）	開差（万円）			計数	
		ⓑ理論値（万円）	ⓒ ⓑ×0.6（万円）		（ⓓ／ⓐ）ⓓ－ⓐ	（ⓓ／ⓒ）ⓓ－ⓒ	所在地	さいたま市	
							築年数	15年	
建物	631	1,458	875		(2.6倍)	(1.9倍)	総階数	9階	
土地	580	1,339	803				所在階数	9階	
合計	1,211	2,797	1,678	3,180	1,969	1,502	専有面積	70.77㎡	
マンション通達評価額	市場価格1千万円当評価額	建物	275	市場価格5千万円相当の評価額	建物	1,376	建物（固評）	6,312,298円	
		土地	253		土地	1,263	土地（路価）	152,605円	
		合計	528		合計	2,638	評価乖離率	2.310	

【シミュレーション結果】

　相続税対策を行わず，金融資産のみを所有し相続が開始した場合，現有財産１億円の場合の相続税額は770万円，同財産２億円の場合

の同税額は3,340万円，同財産3億円の場合の同税額は6,920万円，同財産5億円の場合の同税額は1億5,210万円，同財産10億円の場合の同税額は3億9,500万円である（表11①②，事例3も同様）。

これに対し，本マンションを3,200万円で取得し相続が開始した場合，マンション通達評価額を用いるなどして求めた課税価格は，現有財産1億円の場合8,478万円，同財産2億円の場合1億8,478万円，同財産3億円の場合2億8,478万円，同財産5億円の場合4億8,478万円，同財産10億円の場合9億8,478万円となる（表11⑥）。

節税効果は，現有財産1億円の場合228万円，同財産2億円の場合457万円，同財産3億円の場合609万円，同財産5億円の場合685万円，同財産10億円の場合761万円となる（表11⑧）。

【表11】

		現有財産⇒	10,000 万円	20,000 万円	30,000 万円	50,000 万円	100,000 万円
相続税対策なし	①課税価格	金融資産	10,000	20,000	30,000	50,000	100,000
	②相続税額		770	3,340	6,920	15,210	39,500
金融資産をマンションに組み換える	基本通達評価額（〜令5.12.31）	③課税価格 マンション	1,211	1,211	1,211	1,211	1,211
		③課税価格 金融資産	6,800	16,800	26,800	46,800	96,800
		③課税価格 計	8,011	18,011	28,011	48,011	98,011
		④相続税額	472	2,743	6,124	14,315	38,506
		⑤(②－④)	298	597	796	895	994
	マンション通達評価額（令6.1.1〜）	⑥課税価格 マンション	1,678	1,678	1,678	1,678	1,678
		⑥課税価格 金融資産	6,800	16,800	26,800	46,800	96,800
		⑥課税価格 計	8,478	18,478	28,478	48,478	98,478
		⑦相続税額	542	2,883	6,311	14,525	38,739
		⑧(②－⑦)	228	457	609	685	761

(注)⑤及び⑧は金融資産をマンションに組み換えた場合との相続税額の軽減額を示す。

また，相続が開始し，マンション通達評価額に小規模宅地等の特例を適用するなどして求めた課税価格は，現有財産1億円の場合7,836万円，同財産2億円の場合1億7,836万円，同財産3億円の場合2億7,836万円，同財産5億円の場合4億7,836万円，同財産10億円の場合9億7,836万円となる（表12⑫）。

節税効果は，現有財産1億円の場合325万円，同財産2億円の場合649万円，同財産3億円の場合866万円，同財産5億円の場合974万円，同財産10億円の場合1,082万円となる（表12⑭）。

なお，小規模宅地等の特例の適用を行わなかった場合の課税価格に対する小規模宅地等の特例を適用した場合の課税価格の割合は，現有財産1億円の場合92.4％，同財産2億円の場合96.5％，同財産3億円の場合97.7％，同財産5億円の場合98.7％，同財産10億円の場合99.3％となる（表12⑮）。

【表12】小規模宅地等の特例の適用対象となる場合

			現有財産⇒	10,000万円	20,000万円	30,000万円	50,000万円	100,000万円
金融資産をマンションに組み換える	基本通達評価額（〜令5.12.31）	⑨課税価格	マンション	747	747	747	747	747
			金融資産	6,800	16,800	26,800	46,800	96,800
			計	7,547	17,547	27,547	47,547	97,547
		⑩相続税額		402	2,604	5,939	14,106	38,274
		⑪（②−⑩）		368	736	981	1,104	1,226
	マンション通達評価額（令6.1.1〜）	⑫課税価格	マンション	1,036	1,036	1,036	1,036	1,036
			金融資産	6,800	16,800	26,800	46,800	96,800
			計	7,836	17,836	27,836	47,836	97,836
		⑬相続税額		445	2,691	6,054	14,236	38,418
		⑭（②−⑬）		325	649	866	974	1,082
		⑮（⑫÷⑥）		92.4%	96.5%	97.7%	98.7%	99.3%

（注）1.⑪及び⑭は金融資産をマンションに組み換えた場合の相続税額の軽減額を示す。

　　　2.⑮は小規模宅地等の特例の適用対象となる場合の割合を示す。

≪事例3≫地方都市の高層マンション

所在地　群馬県前橋市　東京駅を起点とした最寄り駅までの鉄道路線最短距離　115.0km

総階数15階　所在階数4階　築14年　総戸数約100戸　取得価額2,500万円

推定相続人　子2人

本事例は，金融資産を所有する推定被相続人が地方都市の中古高層マンションを取得し，相続が開始した場合，どれくらい相続税の軽減が図られるかシミュレーションしたものである。

現有資産が，1億円，2億円，3億円，5億円及び10億円それぞれの場合において，推定被相続人が単に中古マンションを取得した場合，取得したマンションに居住し小規模宅地等の特例を適用する場合，それぞれについてシミュレーションを行った。

【通達評価額と市場価格の開差等】

事例のマンションについては，基本通達評価額では建物908万円，土地255万円で合計は1,163万円である。マンション通達に基づいて求めた評価乖離率は2.390であり，評価水準は0.6未満となることから，計算式で求めた評価額は，建物1,302万円，土地365万円で合計1,667万円となる。そして，市場価格は2,490万円であり，基本通達評価額との開差は2.1倍，マンション通達評価額との開差は1.5倍である。また，市場価格1,000万円当たりのマンション通達評価額は，建物523万円，土地147万円で合計669万円である。よって，市場価格5,000万円相当のマンションは，建物2,614万円，土地733万円で合計3,347万円となる（表13）。

【表13】

	④基本通達評価額（万円）	マンション通達評価額		⑩市場価格（万円）	開差（万円）				計数
		⑧理論値（万円）	ⓒ ⑧×0.6（万円）		(⑩／④) ⑩－④	(⑩／ⓒ) ⑩－ⓒ		所在地	群馬県前橋市
建物	908	2,171	1,302		(2.1倍)	(1.5倍)		築年数	14年
土地	255	608	365					総階数	15階
合計	1,163	2,779	1,667	2,490	1,327	823		所在階数	4階
マンション通達評価額	市場価格1千万円当評価額	建物	523	市場価格5千万円相当の評価額	建物	2,614		専有面積	83.12㎡
		土地	147		土地	733		建物(固評)	9,082,938円
		合計	669		合計	3,347		土地(路価)	67,000円
								評価乖離率	2.390

【シミュレーション結果】

　本マンションを2,500万円で取得し相続が開始した場合，マンション通達評価額を用いるなどして求めた課税価格は，現有財産1億円の場合9,167万円，同財産2億円の場合1億9,167万円，同財産3億円の場合2億9,167万円，同財産5億円の場合4億9,167万円，同財産10億円の場合9億9,167万円となる（表14⑥）。

　節税効果は，現有財産1億円の場合125万円，同財産2億円の場合250万円，同財産3億円の場合333万円，同財産5億円の場合375万円，同財産10億円の場合416万円となる（表14⑧）。

【表14】

			現有財産⇒	10,000万円	20,000万円	30,000万円	50,000万円	100,000万円
相続税対策なし		①課税価格	金融資産	10,000	20,000	30,000	50,000	100,000
		②相続税額		770	3,340	6,920	15,210	39,500
金融資産をマンションに組み換える	基本通達評価額（〜令5.12.31）	③課税価格	マンション	1,163	1,163	1,163	1,163	1,163
			金融資産	7,500	17,500	27,500	47,500	97,500
			計	8,663	18,663	28,663	48,663	98,663
		④相続税額		569	2,939	6,385	14,608	38,832
		⑤（②−④）		201	401	535	602	668
	マンション通達評価額（令6.1.1〜）	⑥課税価格	マンション	1,667	1,667	1,667	1,667	1,667
			金融資産	7,500	17,500	27,500	47,500	97,500
			計	9,167	19,167	29,167	49,167	99,167
		⑦相続税額		645	3,090	6,587	14,835	39,084
		⑧（②−⑦）		125	250	333	375	416

(注)⑤及び⑧は金融資産をマンションに組み換えた場合との相続税額の軽減額を示す。

　また，相続が開始し，マンション通達評価額に小規模宅地等の特例を適用するなどして求めた課税価格は，現有財産1億円の場合8,875万円，同財産2億円の場合1億8,875万円，同財産3億円の場合2億8,875万円，同財産5億円の場合4億8,875万円，同財産10億円の場合9億8,875万円となる（表15⑫）。

　節税効果は，現有財産1億円の場合169万円，同財産2億円の場合337万円，同財産3億円の場合450万円，同財産5億円の場合506

万円，同財産10億円の場合562万円となる（表15⑭）。

　なお，小規模宅地等の特例の適用を行わなかった場合の課税価格に対する小規模宅地等の特例を適用した場合の課税価格の割合は，現有財産1億円の場合96.8％，同財産2億円の場合98.5％，同財産3億円の場合99.0％，同財産5億円の場合99.4％，同財産10億円の場合99.7％となる（表15⑮）。

【表15】小規模宅地等の特例の適用対象となる場合

			現有財産⇒	10,000 万円	20,000 万円	30,000 万円	50,000 万円	100,000 万円
金融資産をマンションに組み換える	基本通達評価額（～令5.12.31）	⑨課税価格	マンション	959	959	959	959	959
			金融資産	7,500	17,500	27,500	47,500	97,500
			計	8,459	18,459	28,459	48,459	98,459
		⑩相続税額		539	2,878	6,304	14,517	38,730
		⑪(②−⑩)		231	462	616	693	770
	マンション通達評価額（令6.1.1～）	⑫課税価格	マンション	1,375	1,375	1,375	1,375	1,375
			金融資産	7,500	17,500	27,500	47,500	97,500
			計	8,875	18,875	28,875	48,875	98,875
		⑬相続税額		601	3,003	6,470	14,704	38,938
		⑭(②−⑬)		169	337	450	506	562
		⑮(⑫÷⑥)		96.8%	98.5%	99.0%	99.4%	99.7%

（注）1.⑪及び⑭は金融資産をマンションに組み換えた場合の相続税額の軽減額を示す。
　　2.⑮は小規模宅地等の特例の適用対象となる場合の割合を示す。

２　超高層マンションの立地条件による評価額の相違等

　階数20階以上，高さ60m を超える超高層マンションを一般にタワーマンションという。各戸からの眺望や日当たりが良好であること，共用施設やセキュリティが充実していることなどから人気を博し，需要・供給も活発であると推察され，このことは，統計データからも裏付けられている（57頁③）。

　マンション通達では評価乖離率の算出について，築年数，総階数及び所在階のほか敷地持分狭小度として専有面積の値を採用してい

る。

　中古マンション選びにおいては，立地条件のほか所在階数や専有
面積が大きな要素であることから，事例４のマンションについて，
これらの違いが評価乖離率にどの程度影響するのかシミュレーショ
ンした（表16）。所在階数10階で専有面積30㎡の評価乖離率は2.756,
同階数で同面積120㎡の同率は2.922であり，所在階数20階で専有面
積30㎡の評価乖離率は2.936であることから，本事例では所在階数
が10階高くなるのと専有面積が４倍になるのとほぼ同等の値が得ら
れることとなる。所在階数20階から30階及び30階から40階について
も同様の結果である。

【表16】 所在階数と専有面積の違いによる評価乖離率の違い

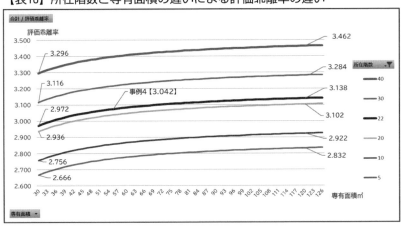

　事例４は東京駅を起点とした最寄り駅までの鉄道路線最短距離
4.9kmのところに立地する都心のマンション，事例５は同最短距
離24.4kmのところに立地する近郊都市のマンションであり，いず
れも専有面積50㎡台の超高層マンションである。

　各マンションを取得し相続が開始した場合のシミュレーション結

果から次の①から④の項目について下線の判断を行うことができる。都心の超高層マンション及び近郊都市の超高層マンションを比較すると，都心の超高層マンションのほうが市場価格と通達評価額の開差が大きく，相続税の節税対策としては，都心の超高層マンションを取得した方がより有効であるといえる。また，都心ほど土地の評価額が高いことから，小規模宅地等の特例の適用が可能な場合，より大きな節税効果を期待することができる。

①市場価格と通達評価額の開差

　市場価格と通達評価額との開差は都心ほど大きい。

都心の超高層マンション	基本通達評価額との開差9.5倍
	マンション通達評価額との開差5.2倍
近郊都市の超高層マンション	基本通達評価額との開差5.6倍
	マンション通達評価額との開差3.2倍

②市場価格1千万円当たりのマンション通達評価額

　市場価格1千万円当たりのマンション通達評価額は開差の小さい近郊都市のほうが高い。

| 都心の超高層マンション | 193万円（建物71万円，土地122万円） |
| 近郊都市の超高層マンション | 320万円（建物177万円，土地143万円） |

③市場価格5千万円相当のマンション通達評価額

　市場価格1千万円当たりのマンション通達評価額を市場価格5千万円当たりに換算

| 都心の超高層マンション | 963万円（建物354万円，土地609万円） |

近郊都市のマンショ　　　1,600万円（建物887万円，土地713万円）
ン

④市場価格５千万円当たりに換算したマンション通達評価額に小
　規模宅地等の特例を適用

　<u>都心ほど土地の評価額は高いが戸数が増えるほど土地の評価額</u>
<u>も逓減するので，小規模宅地等の特例の適用効果は減殺される。</u>

都心の超高層マン　　　　475万円（建物354万円，土地122万円）
ション

近郊都市の超高層　　　1,029万円（建物887万円，土地143万円）
マンション

⑤小宅適用のない場合の評価額に対する小宅適用のある場合の評
　価額の割合

　<u>土地の評価額が高い都心ほど減額幅が大きく，評価額の割合も</u>
<u>低くなるが，事例１及び事例２と比較すると土地の面積が小さい</u>
<u>分，減額幅は小さい。</u>

都心の超高層マンション　　　49.4％（475万円/963万円）
近郊都市の超高層マンション　64.3％（1,029万円/1,600万円）

≪事例４≫都心の超高層マンション

所在地　港区六本木　東京駅を起点とした最寄り駅までの鉄道
路線最短距離　4.9km

総階数43階　所在階数22階　築21年　総戸数約330戸　取得価
額２億８千万円

推定相続人　子２人　現有財産　現金預金３億円

本事例は，金融資産3億円を所有する推定被相続人が，都心の中古超高層マンション（所在階数22階）を取得し，相続が開始した場合，どれくらい相続税の軽減が図られるかシミュレーションしたものである。

推定被相続人が単に中古超高層マンションを取得した場合，取得したマンションに居住用し小規模宅地等の特例を適用する場合，それぞれについてシミュレーションを行った。

本マンション取得時における通達評価額に基づいて計算した課税価格等，所在階数（5階及び40階）の違いによる課税価格等をシミュレーションした。

【通達評価額と市場価格の開差等】

本事例の基本通達評価額と市場価格との開差は9.5倍，マンション通達評価額と市場価格との開差は5.2倍となり，双方とも本稿で取り上げた事例のなかで最も高い値を示しており，評価乖離率も3.042で最も高い値を示している。また，市場価格1,000万円当たりのマンション通達評価額は，建物71万円，土地122万円で合計193万円である。よって，市場価格5,000万円相当のマンションは，建物354万円，土地609万円で合計963万円となる（表17）。

【表17】

	Ⓐ基本通達評価額（万円）	マンション通達評価額		Ⓓ市場価格（万円）	開差（万円）	
		Ⓑ理論値（万円）	Ⓒ Ⓑ×0.6（万円）		（Ⓓ／Ⓐ）Ⓓ－Ⓐ	（Ⓓ／Ⓒ）Ⓓ－Ⓒ
建物	883	2,686	1,612		（9.5倍）	（5.2倍）
土地	1,523	4,632	2,779			
合計	2,406	7,318	4,391	22,800	20,394	18,409

マンション通達評価額	市場価格1千万円当評価額	建物	71	市場価格5千万円相当の評価額	建物	354
		土地	122		土地	609
		合計	193		合計	963

	計数
所在地	港区六本木
築年数	21年
総階数	43階
所在階数	22階
専有面積	55.95㎡
建物（固評）	8,830,800円
土地（路価）	2,738,430円
評価乖離率	3.042

【シミュレーション結果】

　相続税対策を行わず，金融資産のみを所有し相続が開始した場合，課税価格は30,000万円で相続税額は6,920万円である（表18①）。これに対し，本マンション（居住階数22階）を22,800万円で取得し相続が開始した場合，マンション通達評価額を用いるなどして求めた課税価格は11,591万円であり，相続税額は1,078万円である。相続税対策を行わなかった場合に比べ，5,842万円の節税効果が得られる。さらに，マンション通達評価額に小規模宅地等の特例を適用するなどして求めた課税価格は9,368万円であり，相続税額は675万円である。相続税対策を行わなかった場合に比べ，6,245万円の節税効果が得られる（表18③）。

　また，居住階数を低層階である５階として算定した課税価格は11,150万円であり，上層階である40階として算定した課税価格は12,059万円となる。さらに，小規模宅地等の特例を適用するなどして求めた課税価格は，５階9,150万円，40階9,598万円となる。事例では22階，５階及び40階とも同一の取得価額としているため，取得価額を差し引いた金融資産は7,200万円と一定である。所在階数が下層階に行くほど市場価格は下降し取得資金が少なくて済むことから，金融資産は増加し課税価格も増加に向かうこととなる（所在階数５階のマンション通達評価額との開差5.8倍は縮小）。一方，所在階数が上層階に行くほど市場価格は上昇し取得資金が膨れることから，金融資産は減少し課税価格は減少に向かうこととなる（同階数40階の同評価額との開差4.7倍は拡大）（表18③）。

単位：万円

			①相続税対策なし	金融資産をマンションに組み換える			
				②基本通達評価額 (9.5倍)	③マンション通達評価額		
					所在階数22階 (5.2倍)	所在階数5階 (5.8倍)	所在階数40階 (4.7倍)
小宅の適用なし	課税価格	金融資産	30,000	7,200	7,200	7,200	7,200
		マンション 建物		883	1,612	1,450	1,783
		マンション 土地		1,523	2,779	2,500	3,076
		マンション 計		2,406	4,391	3,950	4,859
	計		30,000	9,606	11,591	11,150	12,059
	④相続税額		6,920	711	1,078	990	1,172
	⑤開差		－	6,209	5,842	5,930	5,748
小宅の適用あり	課税価格	金融資産	30,000	7,200	7,200	7,200	7,200
		マンション 建物		883	1,612	1,450	1,783
		マンション 土地		305	556	500	615
		マンション 計		1,188	2,168	1,950	2,398
	計		30,000	8,388	9,368	9,150	9,598
	⑥相続税額		6,920	528	675	643	710
	⑦開差		－	6,392	6,245	6,277	6,210

(注)1. ②及び③欄の括弧書きは市場価格を基本通達評価額またはマンション通達評価額で除した値である。

2. ⑤及び⑦欄は①相続税対策なしに係る④または⑥の相続税額から、②または③の相続税額を控除した値である。

≪事例5≫近郊都市の超高層マンション

所在地　さいたま市浦和区　東京駅を起点とした最寄り駅まで
の鉄道路線最短距離　24.4km

総階数31階　所在階数21階　築18年　　総戸数約230戸　取得
価額8,500万円

推定相続人　子2人　現有財産　現金預金2億円

　本事例は，金融資産2億円を所有する推定被相続人が，近郊都市
の中古超高層マンション（所在階数21階）を取得し，相続が開始し
た場合，どれくらい相続税の軽減が図られるかシミュレーションし
たものである。

　推定被相続人が単に中古超高層マンションを取得した場合，取得

したマンションに居住用し小規模宅地等の特例を適用する場合，それぞれについてシミュレーションを行った。

　本マンション取得時における通達評価額に基づいて計算した課税価格等，所在階数（5階及び30階）の違いによる課税価格等をシミュレーションした。

【通達評価額と市場価格の開差等】

　本事例の基本通達評価額と市場価格との開差は5.6倍，マンション通達評価額と市場価格との開差は3.1倍となり，双方とも事例4に次いで高い値を示しており，評価乖離率も2.968で事例4に次ぐ値を示している。また，市場価格1,000万円当たりのマンション通達評価額は，建物177万円，土地143万円で合計320万円である。よって，市場価格5,000万円相当のマンションは，建物887万円，土地713万円で合計1,600万円となる（表19）。

【表19】

	ⓐ基本通達評価額（万円）	マンション通達評価額		ⓓ市場価格（万円）	開差（万円）			計数	
		ⓑ理論値（万円）	ⓒ ⓑ×0.6（万円）		（ⓓ／ⓐ）ⓓ－ⓐ	（ⓓ／ⓒ）ⓓ－ⓒ	所在地	さいたま市
建物	845	2,507	1,504		(5.6倍)	(3.1倍)	築年数	18年
							総階数	31階
土地	680	2,017	1,210				所在階数	21階
合計	1,524	4,524	2,714	8,480	6,956	5,766	専有面積	58.42㎡
マンション通達評価額	市場価格1千万円当評価額	建物	177	市場価格5千万円相当の評価額	建物	887	建物（固評）	8,445,672円
		土地	143		土地	713	土地（路価）	537,521円
		合計	320		合計	1,600	評価乖離率	2.968

【シミュレーション結果】

　相続税対策を行わず，金融資産のみを所有し相続が開始した場合，課税価格は2億円で相続税額は3,340万円である（表20①）。これに対し，本マンション（居住階数21階）を8,500万円で取得し相続が開始した場合，マンション通達評価額を用いるなどして求めた課税

価格は1億4,214万円であり，相続税額は1,604万円である。相続税対策を行わなかった場合に比べ，1,736万円の節税効果が得られる。さらに，マンション通達評価額に小規模宅地等の特例を適用するなどして求めた課税価格は1億3,246万円であり，相続税額は1,409万円である。相続税対策を行わなかった場合に比べ，1,931万円の節税効果が得られる（表20③）。

　また，居住階数を低層階である5階として算定した課税価格は1億3,951万円であり，上層階である30階として算定した課税価格は1億4,362万円となる。さらに，小規模宅地等の特例を適用するなどして求めた課税価格は，5階1億3,077万円，30階1億3,341万円となる。事例では21階，5階及び30階とも同一の取得価額としているため，取得価額を差し引いた金融資産は1億1,500万円と一定である。所在階数が下層階に行くほど市場価格は下降し取得資金が少なくて済むことから，金融資産は増加し課税価格も増加に向かうこ

【表20】

単位:万円

				①相続税対策なし	②基本通達評価額 (5.6倍)	金融資産をマンションに組み換える		
						③マンション通達評価額		
						所在階数21階 (3.1倍)	所在階数5階 (3.5倍)	所在階数30階 (3.0倍)
小宅の適用なし	課税価格	金融資産		20,000	11,500	11,500	11,500	11,500
		マンション	建物		845	1,504	1,358	1,586
			土地		680	1,210	1,093	1,276
			計		1,524	2,714	2,451	2,862
		計		20,000	13,024	14,214	13,951	14,362
	④相続税額			3,340	1,365	1,604	1,550	1,649
	⑤開差			−	1,975	1,736	1,790	1,691
小宅の適用あり	課税価格	金融資産		20,000	11,500	11,500	11,500	11,500
		マンション	建物		845	1,504	1,358	1,586
			土地		136	242	219	255
			計		981	1,746	1,577	1,841
		計		20,000	12,481	13,246	13,077	13,341
	⑥相続税額			3,340	1,256	1,409	1,375	1,428
	⑦開差			−	2,084	1,931	1,965	1,912

（注）1. ②及び③欄の括弧書きは市場価格を基本通達評価額またはマンション通達評価額で除した値である。
　　　2. ⑤及び⑦欄は①相続税対策なしに係る④または⑥の相続税額から，②または③の相続税額を控除した値である。

ととなる（所在階数５階のマンション通達評価額との開差3.1倍は
縮小）。一方、所在階数が上層階に行くほど市場価格は上昇し取得
資金が膨れることから、金融資産は減少し課税価格は減少に向かう
こととなる（同階数30階の同評価額との開差3.0倍は拡大）（表20
③）。

③ ビンテージマンション

　一般にビンテージマンション*6は一定の築年以上が経過し、歴史
を感じさせるデザインが取り入れられ、それでいて内装は現代的な
生活に対応できるようにリノベーションされている物件のことを指
すことが多い。ビンテージマンションは、築年数の経過によっても、
価値が上昇する、あるいは価値を維持できることが特長である。不
動産調査会社の東京カンテイによれば、「築10年以上」、「住居用途
地域に立地」、「平均専有面積90平方メートル以上」、「坪300万円以
上」とされている。

　事例６は、東京カンテイのビンテージマンションの指標「坪300
万円」に達していないが、坪単価の高いビンテージマンションでは、
市場価格との開差はさらに大きくなると見込まれ、このようなマン
ションを所有することは、相続税対策としてメリットが大きいとい
える。

＊６　「ビンテージ」とは、①ワインの醸造年。②特定の地域・年に醸造した高級ワ
イン。（広辞苑第六版電子版）

≪事例6≫ ビンテージマンション

> 所在地 渋谷区代々木 東京駅を起点とした最寄り駅までの鉄
> 道路線最短距離 11.8km
> 総階数6階 所在階数2階 築59年 総戸数約10戸 取得価額
> 9,300万円
> 推定相続人 子2人 現有財産 現金預金3億円

　本事例は，現金預金3億円を有する推定被相続人が，都心のビン
テージマンションを取得し，相続が開始した場合の相続税額をシミ
ュレーションしたものである。

　推定被相続人が単にビンテージマンションを取得した場合，取得
したマンションに居住用小規模宅地等の特例を適用する場合，そ
れぞれについてシミュレーションを行った。

　また，本マンション取得時における通達評価額に基づいて計算し
た課税価格等，5年間所有した後に相続が開始した場合の課税価格
等，10年間所有した後に相続が開始した場合の課税価格等をシミュ
レーションした。

【通達評価額と市場価格の開差等】

　本事例は，評価乖離率算定の指標となる築年数が59年と長いこと，
総層階6階・所在階数2階と低層階であることなど評価乖離率を引
き下げる要素が大きいことから，評価乖離率が0.752であり，1を
下回っている。基本通達評価額に基づいて計算した評価額5,352万
円を，マンション通達評価額4,025万円が下回り，市場価格と基本
通達評価額の開差1.7倍を，マンション通達評価額の開差2.3倍が上
回ることが特徴的である（表21）。

【表21】

	④基本通達評価額（万円）	マンション通達評価額		⑩市場価格（万円）	開差（万円）			計数
		⑧理論値（万円）	ⓒ ⑧×0.6（万円）		（⑩/④）⑩-④	（⑩/ⓒ）⑩-ⓒ	所在地	渋谷区代々木
							築年数	59年
建物	506	380	380		(1.7倍)	(2.3倍)	総階数	6階
土地	4,846	3,645	3,645				所在階数	2階
合計	5,352	4,025	4,025	9,280	3,928	5,255	専有面積	114.43㎡
マンション通達評価額	市場価格1千万円当評価額	建物 41 / 土地 393 / 合計 434		市場価格5千万円相当の評価額	建物 205 / 土地 1,964 / 合計 2,169		建物(固評) 5,057,600 / 土地(路価) 845,000 / 評価乖離率 0.752	

【シミュレーション結果】

　相続税対策を行わず，金融資産のみを所有し相続が開始した場合，課税価格は３億円で相続税額は6,920万円である（表22①）。これに対し，本マンション（築59年）を9,300万円で取得し相続が開始した場合，マンション通達評価額を用いるなどして求めた課税価格は２億4,725万円であり，相続税額は4,810万円である。相続税対策を行わなかった場合に比べ，2,110万円の節税効果が得られる。さらに，マンション通達評価額に小規模宅地等の特例を適用するなどして求めた課税価格は２億1,809万円であり，相続税額は3,883万円である。相続税対策を行わなかった場合に比べ，3,037万円の節税効果が得られる（表22③）。

　また，本マンションを今後５年間所有し相続が開始したとして算定した課税価格は２億3,842万円であり，今後10年間所有し相続が開始したとして算定した課税価格は２億2,958万円となる。さらに，小規模宅地等の特例を適用するなどして求めた課税価格は，今後５年間所有２億1,566万円，今後10年間所有２億1,322万円となる。事例では今後５年間所有，今後10年間所有とも同一の取得価額としているため，取得価額を差し引いた金融資産は２億700万円と一定である。中古マンションは値上がり傾向にあるが，市場価格の動向に

よって，取得資金も増減が生じることとなるであろう（表22③）。

【表22】

単位:万円

			①相続税対策なし	金融資産をマンションに組み換える			
				②基本通達評価額	③マンション通達評価額		
					現状において相続開始【築59年】	今後5年間所有し相続開始【築64年】	今後10年間所有し相続開始【築69年】
				(1.7倍)	(2.3倍)	(3.0倍)	(4.1倍)
小宅の適用なし	課税価格	金融資産	30,000	20,700	20,700	20,700	20,700
		マンション 建物		506	380	297	213
		マンション 土地		4,846	3,645	2,845	2,045
		マンション 計		5,352	4,025	3,142	2,258
	計		30,000	26,052	24,725	23,842	22,958
	④相続税額		6,920	5,341	4,810	4,493	4,227
	⑤開差		—	1,579	2,110	2,427	2,693
小宅の適用あり	課税価格	金融資産	30,000	20,700	20,700	20,700	20,700
		マンション 建物		506	380	297	213
		マンション 土地		969	729	569	409
		マンション 計		1,475	1,109	866	622
	計		30,000	22,175	21,809	21,566	21,322
	⑥相続税額		6,920	3,993	3,883	3,810	3,737
	⑦開差		—	2,927	3,037	3,110	3,183

(注)1. ②及び③欄の括弧書きは市場価格を基本通達評価額またはマンション通達評価額で除した値である。
　　2. ⑤及び⑦欄は①相続税対策なしに係る④または⑥の相続税額から、②または③の相続税額を控除した値である。

4 リゾートマンション

避暑地や温泉地，海沿いなどのリゾート地に建てられたマンションをリゾートマンションと呼ぶことが多く，リゾートマンションの需要は1970年代の別荘ブーム，1980年代のスキーブームやリゾートマンション投資を背景に急増したといわれ，投資用や別荘代わりのセカンドハウスとして利用されてきた。

一般のマンションと比較すると需要が少ないため，立地条件によっては，買い手が付かず，容易に売れず格安となっている物件も見られる。

ここ数年の動きとして，コロナ禍でリモートワークなどの生活様式の変化で，都心から１時間前後圏内の湘南，伊豆，越後湯沢や軽

井沢方面などリゾート地の環境に恵まれた広い物件に注目する人が増えているという。新型コロナウイルスの5類移行後は国内外の旅行需要が活発化しており，リゾートマンションの需要（人気）に注目したいところである。なお，リゾート地のマンションは，維持管理費の増加や必要なときに売却しようとしても売れないというリスクがある。

　本事例で紹介した北軽井沢及び越後湯沢のようにマンション通達評価額が市場価格を上回る状況で相続が開始した場合には，相続財産の評価について専門家に意見を尋ねるなどの対応をされたい(105頁参照)。

≪事例7≫リゾートマンション

所在地　熱海市　東京駅を起点とした最寄り駅までの鉄道路線

最短距離　104.6km

総階数18階　所在階数5階　築33年　総戸数約120戸　取得価額1,100万円

推定相続人　子2人　現有財産　現金預金1億円

　本事例は，現金預金1億円を有する推定被相続人が，リゾート地のマンションを取得し，相続が開始した場合の相続税額をシミュレーションしたものである。

【通達評価額と市場価格の開差等】

　本事例の基本通達評価額と市場価格との開差は1.7倍，マンション通達評価額と市場価格との開差は1.2倍であり，他の事例と比較しても開差は小さいといえる。市場価格1,000万円当たりのマンシ

ョン通達評価額は，建物823万円，土地 8 万円で合計830万円である。よって，市場価格5,000万円相当のマンションは，建物4,114万円，土地38万円で合計4,152万円となる（表23）。

【表23】

| | ⓐ基本通達評価額（万円） | マンション通達評価額 | | ⓓ市場価格（万円） | 開差（万円） | |
		ⓑ理論値（万円）	ⓒ ⓑ×0.6（万円）		（ⓓ/ⓐ）ⓓ-ⓐ	（ⓓ/ⓒ）ⓓ-ⓒ
建物	630	1,440	864		(1.7倍)	(1.2倍)
土地	6	13	8			
合計	636	1,453	872	1,050	414	178
マンション通達評価額	市場価格1千万円当評価額	建物 823		市場価格5千万円相当の評価額	建物 4,114	
		土地 8			土地 38	
		合計 830			合計 4,152	

	計数
所在地	熱海市
築年数	33年
総階数	18階
所在階数	5階
専有面積	44.95㎡
建物(固評)	6,303,486円
土地(路価)	22,449円
評価乖離率	2.284

【シミュレーション結果】

　相続税対策を行わず，金融資産のみを所有し相続が開始した場合，課税価格は 1 億円で相続税額は770万円である（表24①）。これに対し，本マンション（熱海）を1,100万円で取得し相続が開始した場合，マンション通達評価額を用いるなどして求めた課税価格は9,772万円であり，相続税額は736万円である。相続税対策を行わなかった場合に比べ，34万円の節税効果が得られる（表24③）。

　他方，北軽井沢（立地は群馬県）のマンションは市場価格280万円に対しマンション通達評価額は967万円，越後湯沢のマンションに至っては市場価格20万円に対し同評価額は875万円であり，同評価額が市場価格を大きく上回っている。これらの評価額に基づき求めた課税価格で計算した北軽井沢のマンションの相続税額は893万円，越後湯沢のマンションの同税額は925万円で，いずれも相続税対策を行わない場合の相続税額770万円を上回ることとなる（表24③）。

単位:万円

			①相続税対策なし	金融資産をマンションに組み換える			
				②基本通達評価額	③マンション通達評価額		
				熱 海	熱 海	北軽井沢	越後湯沢
				(ⓑ/ⓐ 1.7倍)	(ⓑ/ⓐ 1.3倍)	(ⓑ/ⓐ 0.29倍)	(ⓑ/ⓐ 0.02倍)
課税価格	現金預金		10,000	8,900	8,900	9,700	9,950
	マンション	建物		630	864	959	868
		土地		6	8	8	7
		ⓐ計		636	872	967	875
	計		10,000	9,536	9,772	10,667	10,825
ⓑ市場価格			−	1,050	1,050	280	20
④相続税額			770	700	736	893	925
⑤開差				70	34	▲ 123	▲ 155

(注)1. ②及び③欄の括弧書きは市場価格を基本通達評価額またはマンション通達評価額で除した値である。

2. 「北軽井沢」及び「越後湯沢」の建物の固定資産税評価額等は本事例を基に推計した。

3. 「北軽井沢」は購入資金3,000千円、「越後湯沢」は購入資金500千円として計算した。

4. ⑤欄は①相続税対策なしに係る④相続税額から、②または③に係る相続税額を控除した値である。

5　賃貸マンション

　一般に不動産開発業者がマンション建設を行う場合，分譲用か賃貸用かによって，所有形態が区分所有か単独所有かに分かれ，この違いによって分譲マンションと賃貸マンションに区別して呼ばれる。分譲マンションでも住戸を取得した区分所有者が，第三者に賃貸用として利用することが多々あり，都心であるほど，また，住戸面積が狭いほど賃貸用の割合が高くなるといわれている。また，賃貸の用に供することを前提として分譲される区分所有型のマンション（いわゆる投資用マンション）の多くは，ワンルームマンションである。

　取得したマンションを賃貸すると，建物部分は貸家，土地部分は貸家建付地として，評価額を下げることができるほか，小規模宅地等の特例の貸付事業宅地等*7に該当するので，自宅に小規模宅地等の特例を適用し，残りの枠を賃貸マンションに適用することよって，さらに評価額を下げることができる。

また，賃貸によって得た収入を貯蓄したり，生命保険の掛金に充てるなどして，将来の納税資金や遺産分割に備えたりすることもできる。

（注）　借地権付き区分所有の賃貸マンションの敷地（底地）所有者に対しては，マンション通達は適用されない（第2章Q13参照）。

なお，事例8及び事例9のマンションは小規模宅地等の特例の適用を行っていない。

事例9の地方都市のワンルームマンションのようにマンション通達評価額が市場価格を上回る状況で相続が開始した場合には，事例7で紹介したリゾートマンションと同様，相続財産の評価について専門家に意見を尋ねるなどの対応をされたい（105頁参照）。

≪事例8≫都心の賃貸ワンルームマンション①

> 所在地　千代田区神田　東京駅を起点とした最寄り駅までの鉄道路線最短距離　1.3km
>
> 総階数18階　所在階数12階　築18年　総戸数約70戸　取得価額3,000万円
>
> 推定相続人　子2人　現有財産　現金預金2億円　借地権割合80%

本事例は，現金預金2億円を有する推定被相続人が，都心のワンルームマンションを取得し，相続が開始した場合の相続税額をシミ

＊7　相続開始の直前において，被相続人等の事業（不動産貸付業，駐車場業，自転車駐車場業等）の用に供されていた宅地等（その相続開始前3年以内に新たに貸付事業の用に供された宅地等を除く。）で，一定の要件に該当する被相続人の親族が相続又は遺贈により取得したものをいう。

ュレーションしたものである。

　推定被相続人が単にワンルームマンションを取得した場合，取得したマンションを貸し付け，建物は貸家の評価減，土地は貸家建付地の評価減を適用する場合について，それぞれについてシミュレーションを行った。また，本マンションと同様のマンションを2戸取得した場合及び3戸取得した場合について，それぞれ，単に取得した場合と取得したマンションを貸し付けた場合の課税価格等についてもシミュレーションを行った（事例9も同様のシミュレーションを行った。）。

【通達評価額と市場価格の開差等】

　本事例の基本通達評価額と市場価格との開差は2.6倍，マンション通達評価額と市場価格との開差は1.6倍である。市場価格1,000万円当たりのマンション通達評価額は，建物178万円，土地456万円で合計634万円である。よって，市場価格5,000万円相当のマンションは，建物891万円，土地2,281万円の合計3,172万円となる（表25）。

【表25】

	Ⓐ基本通達評価額（万円）	マンション通達評価額		Ⓓ市場価格（万円）	開差（万円）			計数	
		Ⓑ理論値（万円）	Ⓒ Ⓑ×0.6（万円）		(Ⓓ/Ⓐ)　Ⓓ−Ⓐ	(Ⓓ/Ⓒ)　Ⓓ−Ⓒ		所在地	千代田区神田
								築年数	18年
建物	312	861	517		(2.6倍)	(1.6倍)		総階数	18階
土地	800	2,205	1,323					所在階数	12階
合計	1,112	3,066	1,840	2,900	1,788	1,060		専有面積	27.85㎡
マンション通達評価額	市場価格1千万円当り評価額	建物	178	市場価格5千万円相当の評価額	建物	891		建物(固評)	3,123,800円
		土地	456		土地	2,281		土地(路線)	1,602,773円
		合計	634		合計	3,172		評価乖離率	2.756

【シミュレーション結果】

　相続税対策を行わず，金融資産のみを所有し相続が開始した場合，課税価格は2億円で相続税額は3,340万円である（表26①）。これに対し，本マンションを3,000万円で取得し相続が開始した場合，マ

ンション通達評価額を用いるなどして求めた課税価格は１億8,840万円であり，相続税額は2,992万円である。相続税対策を行わなかった場合に比べ，348万円の節税効果が得られる。さらに，マンションを賃貸し相続が開始した場合，マンション通達評価額に対し，家屋は貸家の評価減，土地は貸家建付地の評価減を適用するなどして求めた課税価格は１億8,367万円であり，相続税額は2,850万円である。相続税対策を行わなかった場合に比べ，490万円の節税効果が得られる。また，本マンションと同様のマンションを２戸取得し相続が開始したとして算定した課税価格は１億7,680万円であり，節税効果は696万円，賃貸を行い相続が開始したとして算定した課税価格は１億6,735万円であり，節税効果は979万円である。３戸取得し相続が開始したとして算定した課税価格は１億6,520万円であり，節税効果は1,044万円，賃貸を行い相続が開始したとして算定した課税価格は１億5,102万円であり，節税効果は1,469万円である

【表26】

単位:万円

			①相続税対策なし	金融資産をマンションに組み換える		
				②基本通達評価額	③マンション通達評価額		
					1戸取得	2戸取得	3戸取得
				(2.7倍)	(1.6倍)	取得価額6千万円	取得価額9千万円
賃貸の評価減なし	課税価格	金融資産	20,000	17,000	17,000	14,000	11,000
		マンション 建物		312	517	1,034	1,551
		マンション 土地		800	1,323	2,646	3,969
		マンション 計		1,112	1,840	3,680	5,520
	計		20,000	18,112	18,840	17,680	16,520
	④相続税額		3,340	2,774	2,992	2,644	2,296
	⑤開差		—	566	348	696	1,044
賃貸の評価減あり	課税価格	金融資産	20,000	17,000	17,000	14,000	11,000
		マンション 建物		218	362	724	1,086
		マンション 土地		608	1,005	2,011	3,016
		マンション 計		826	1,367	2,735	4,102
	計		20,000	17,826	18,367	16,735	15,102
	⑥相続税額		3,340	2,688	2,850	2,361	1,871
	⑦開差		—	652	490	979	1,469

（注）1. ②及び③欄の括弧書きは市場価格を基本通達評価額またはマンション通達評価額で除した値である。
　　　2. ⑤及び⑦欄は①相続税対策なしに係る④または⑥の相続税額から、②または③の相続税額を控除した値である。

（表26③）。

　なお，本マンションの賃貸料の状況は表27のとおりで，各階各戸の平均の賃貸料は113千円である。番号の順番は，各戸の賃貸料を1㎡当たりに換算し，降順に並べ替えたもので，番号1から6は所在階数が高いほど1㎡当たりの単価が高くなっている。番号7から10は階数が高いほど1㎡当たりの単価が低くなっている。ワンルームマンションでは，立地条件を優先する傾向にあるため，両隣にビルが建てられているなど，日当たりや眺望なども勘案した料金設定になっているものと思料する（表27）。

【表27】事例8のマンションに係る賃貸の状況

番号	1㎡当たり賃貸料	所在階数	賃貸料	専有面積
1	4,542 円	13階	110,000 円	24.22㎡
2	4,525 円	12階	119,000 円	26.30㎡
3	4,423 円	10階	118,000 円	26.68㎡
4	4,398 円	9階	117,000 円	26.60㎡
5	4,361 円	7階	116,000 円	26.60㎡
6	4,207 円	2階	101,000 円	24.01㎡
7	4,147 円	8階	126,000 円	30.38㎡
8	3,967 円	11階	119,000 円	30.00㎡
9	3,957 円	13階	95,000 円	24.01㎡
10	3,588 円	12階	109,000 円	30.38㎡
平均	4,212 円	10階	113,000 円	26.92㎡

(出典)不動産・住宅情報サイトより筆者作成

≪事例9≫地方都市の賃貸ワンルームマンション

　所在地　群馬県前橋市　東京駅を起点とした最寄り駅までの鉄道路線最短距離　115.0km

　総階数8階　所在階数3階　築33年　総戸数約90戸　取得価額3,000万円

　推定相続人　子2人　現有財産　現金預金2億円　借地権割合

　本事例は，現金預金2億円を有する推定被相続人が，地方都市の
ワンルームマンションを取得し，相続が開始した場合の相続税額を
シミュレーションしたものである。

【通達評価額と市場価格の開差等】

　本事例の基本通達評価額と市場価格との開差は1.0倍，マンショ
ン通達評価額と市場価格との開差は0.9倍である。市場価格1,000万
円当たりのマンション通達評価額は，建物1,003万円，土地131万円
で合計1,134万円である。よって，市場価格5,000万円相当のマンシ
ョンは，建物5,017万円，土地655万円で合計5,672万円となり，マ
ンション通達評価額が市場価格を上回ることとなる（表28）。

【表28】

	ⒶＡ基本通達評価額（万円）	マンション通達評価額		Ⓓ市場価格（万円）	開差（万円）				計数
		Ⓑ理論値（万円）	Ⓒ Ⓑ×0.6（万円）		(Ⓓ／Ⓐ) Ⓓ－Ⓐ	(Ⓓ／Ⓒ) Ⓓ－Ⓒ		所在地	群馬県前橋市
								築年数	33年
建物	251	486	291		(1.0倍)	(0.9倍)		総階数	8階
土地	33	64	38					所在階数	3階
合計	284	550	329	290	6	△39		専有面積	26.68㎡
マンション通達評価額	市場価格1千万円当り評価額	建物	1,003	市場価格5千万円相当の評価額	建物	5,017		建物（固評）	2,511,922円
		土地	131		土地	655		土地（路価）	48,000円
		合計	1,134		合計	5,672		評価乖離率	1.933

【シミュレーション結果】

　相続税対策を行わず，金融資産のみを所有し相続が開始した場合，
課税価格は2億円で相続税額は3,340万円である（表28①）。本マン
ションのマンション通達評価額は市場価格を上回ることから，単に
取得しただけでは節税効果は得られない。

　なお，マンションを賃貸し相続が開始した場合，マンション通達
評価額に対し，家屋は貸家の評価減，土地は貸家建付地の評価減を

適用するなどして求めた課税価格は1億9,936万円であり，相続税額は3,321万円である。相続税対策を行わなかった場合に比べ，19万円の節税効果が得られる。また，本マンションと同様のマンションを2戸取得し賃貸を行い相続が開始したとして算定した課税価格は1億9,872万円であり，節税効果は38万円である。3戸取得し賃貸を行い相続が開始したとして算定した課税価格は1億9,808万円であり，節税効果は58万円である（表29③）。

　事例8の都心のワンルームマンションが，マンション通達評価額と市場価格の開差が1.6倍であるのに対し，本事例は0.9倍であり，市場価格が同通達評価額を下回っているため，ワンルームマンションを取得しただけでは節税効果は得られない。賃貸を行い，建物部分は貸家，土地部分は貸家建付地として，評価額を下げることが必要である（表29⑤⑦）。

【表29】

単位:万円

			①相続税対策なし	金融資産をマンションに組み換える			
				②基本通達評価額 (1.1倍)	③マンション通達評価額		
					1戸取得 (0.9倍)	2戸取得 取得価額6百万円	3戸取得 取得価額9百万円
賃貸の評価減なし	課税価格	金融資産	20,000	19,700	19,700	19,400	19,100
		マンション 建物		251	291	582	873
		土地		33	38	76	114
		計		284	329	658	987
	計		20,000	19,984	20,029	20,058	20,087
	④相続税額		3,340	3,335	3,349	3,357	3,366
	⑤開差		—	5	-9	-17	-26
賃貸の評価減あり	課税価格	金融資産	20,000	19,700	19,700	19,400	19,100
		マンション 建物		176	204	407	611
		土地		28	32	65	97
		計		204	236	472	708
	計		20,000	19,904	19,936	19,872	19,808
	⑥相続税額		3,340	3,311	3,321	3,302	3,282
	⑦開差		—	29	19	38	58

(注)1．②及び③欄の括弧書きは市場価格を基本通達評価額またはマンション通達評価額で除した値である。
　　2．⑤及び⑦欄は①相続税対策なしに係る④または⑥の相続税額から，②または③の相続税額を控除した値である。

≪事例10≫都心の賃貸ワンルームマンション②

> 所在地　杉並区荻窪　東京駅を起点とした最寄り駅までの鉄道
> 路線最短距離　18.7km
>
> 総階数12階　所在階数8階　築38年　総戸数約100戸
>
> 推定相続人　子2人　現有財産　現金預金2億円　借地権割合
> 70%

　本事例は，現金預金2億円と賃貸ワンルームマンションを所有する推定被相続人が，そのマンションを推定相続人に贈与する場合の贈与税の課税価格等をシミュレーションしたものである。

　また，所有するマンションを贈与する場合，5年間又は10年間所有した後に贈与する場合についても，それぞれシミュレーションを行った。

【通達評価額と市場価格の開差等】

　本事例の基本通達評価額と市場価格との開差は3.9倍，マンション通達評価額と市場価格との開差は3.3倍であり，マンション通達評価額と市場価格との開差は3.3倍で，事例3の超高層マンションの5.2倍に次いで高い値である。市場価格1,000万円当たりのマンシ

【表30】

	ⓐ基本通達評価額（万円）	マンション通達評価額		ⓓ市場価格（万円）	開差（万円）			計数	
		ⓑ理論値（万円）	ⓒ ⓑ×0.6（万円）		ⓓ／ⓐ ⓓ－ⓐ	ⓓ／ⓒ ⓓ－ⓒ		所在地	杉並区荻窪
								築年数	38年
建物	123	246	148		（3.9倍）	（3.3倍）		総階数	12階
土地	256	513	308					所在階数	8階
合計	380	759	456	1,490	1,110	1,034		専有面積	16.17㎡
マンション通達評価額	市場価格1千万円当り評価額	建物	99	市場価格5千万円相当の評価額	建物	497		建物（固評）	1,231,100円
		土地	207		土地	1,034		土地（路価）	969,525円
		合計	306		合計	1,530		評価乖離率	2.000

ョン通達評価額は，建物99万円，土地207万円で合計306万円である。よって，市場価格5,000万円相当のマンションは，建物497万円，土地1,034万円の合計1,530万円となる（表30）。

【シミュレーション結果】

　所有するマンションの贈与を行おうとする場合，マンション通達の適用時期並びに評価乖離率を求める算式及び評価水準に係る0.6の値の見直し時期を踏まえ，どのタイミングで贈与するかがポイントとなる。

　本事例では賃貸することによる貸家及び貸家建付地の評価減を行った評価額については，基本通達評価額288万円，マンション通達評価額347万円である。そのマンションを今後5間所有し贈与する場合のマンション通達評価額は318万円，今後10間所有し贈与する場合の同通達評価額は288万円である。

　このマンションを暦年課税贈与により推定相続人に贈与した場合の贈与税額[8]は，基本通達評価額18万円，マンション通達評価額24万円であり，今後5間所有し贈与する場合の同税額は21万円，今後10間所有し贈与する場合の同税額は18万円で贈与時期に関わらず，贈与税率が10％程度の場合には，同税額の開差は10万円以内に留まる。令和6年1月1日以後に行う暦年課税贈与については，生前贈与加算期間延長の対象となるが，相続開始前3年超7年以内に贈与により取得した財産は，加算対象額から総額100万円までを控除できるので，この点についても留意する。

　また，令和6年1月1日以後に行う精算課税贈与については，毎年110万円の基礎控除が新設されたことから，精算課税贈与に係る

---

[8]　直系尊属から18歳以上の子や孫への贈与したものとして，贈与税の特例税率を適用。

贈与税の基礎控除により控除される額は，贈与者の相続開始時において相続税の課税価格に加算されないこととなる（表31）。

【表31】事例10に係るシミュレーション

単位:万円

			基本通達評価額	マンション通達評価額		
				現状において贈与【築38年】	今後5年間所有し贈与する場合【築43年】	今後10年間保有し贈与する場合【築48年】
賃貸の評価減なし	評価額	建物	123	148	136	123
		土地	256	308	282	256
		計	380	456	418	380
賃貸の評価減あり	評価額	建物	86	104	95	86
		土地	202	243	223	202
		計	288	347	318	288
	暦年	課税価格	178	237	208	178
		贈与税額	18	24	21	18
	精算	相続財産への加算額	288	237	208	178
評価乖離率				2.000	1.835	1.670

(注) 相続税精算課税制度は令和6年1月1日以後の贈与から適用

なお，事例8のケースでは，基本通達評価額826万円に対し暦年課税贈与の課税価格は716万円，贈与税額は125万円，マンション通

【表32】事例8に係るシミュレーション

単位:万円

			基本通達評価額	マンション通達評価額		
				現状において贈与【築18年】	今後5年間所有し贈与する場合【築23年】	今後10年間保有し贈与する場合【築28年】
賃貸の評価減なし	評価額	建物	312	517	486	455
		土地	800	1,323	1,244	1,165
		計	1,112	1,840	1,730	1,620
賃貸の評価減あり	評価額	建物	218	362	340	319
		土地	608	1,005	945	885
		計	826	1,367	1,286	1,204
	暦年	課税価格	716	1,257	1,176	1,094
		贈与税額	125	313	280	238
	精算	相続財産への加算額	716	1,257	1,176	1,094
評価乖離率				2.756	2.591	2.426

(注) 相続税精算課税制度は令和6年1月1日以後の贈与から適用

達評価額1,367万円に対し暦年課税贈与の課税価格は1,257万円，贈与税額は313万円であり，それぞれの贈与税額の開差は188万円となる。また，今後5間所有し贈与する場合の課税価格は1,176万円，今後10間所有し贈与する場合の課税価格は1,094万円となる（表32）。

5 マンションの贈与を行う場合の留意点

マンションを贈与する場合には，暦年課税贈与を選択するか，相続税精算課税贈与を選択するか判断に悩む向きもあろう。贈与財産の評価額，今後の価格予想，今後の所有年数による評価額の相違，特例適用，通達の見直し時期も考慮した上で贈与の時期を決定することが肝要であり，精算課税贈与を選択する場合は，贈与時の財産の価額が相続開始時の相続財産に加算されることも考慮し，いつのタイミングで贈与を行うと有利になるのか入念なシミュレーションが必要である。

① 贈与による財産の取得時期

マンション通達は令和6年1月1日以後の相続，遺贈又は贈与により取得したマンションの評価に適用されること，また，評価乖離率を求める算式及び評価水準に係る0.6の値の見直しは3年に1度行われることが合理的とされている*9ことから，マンションの贈与

---

*9　評価乖離率を求める算式及び評価水準に係る0.6の値の見直しは，3年に1度行われる固定資産税評価の見直し時期に併せて行うことが合理的であり，改めて実際の取引事例についての相続税評価額と売買実例価額との乖離状況等を踏まえ，その要否を含めて行うこととなる。「居住用の区分所有財産の評価について」（法令解釈通達）の趣旨について（情報）参照。

を行う場合において，最もマンション通達評価額が低くなるよう贈与の時期を選ぶことも重要である。

　なお，贈与による財産の取得の時期に留意する必要があり，書面による贈与は，贈与契約の効力が発生した時，書面によらないものについてはその履行の時とされている（相基通1の3，1の4共－8）。

　贈与契約書を書面で作成した場合は贈与契約の効力が発生した時であるとしているが，贈与契約書を行った年と引き渡しを受ける年が異なる場合や書面の作成後，長期間登記を行わないなど，贈与の真実性が担保されない事情があるときは，税務当局から否認されるリスクがある。このため，贈与契約書の作成に当たっては，公証役場で「確定日付」を付すほか，記載した日付から速やかに所有権移転の登記を行うなどの対応が必要であると思料する。

　なお，口頭による贈与の場合は，民法上，実際に贈与を履行するまでは，いつでも撤回できるため，実際に財産の移転があった時（金銭などの動産の場合は，金銭を振り込んだ日や渡した日，不動産などの場合は，登記の変更が完了した日）が贈与による財産の取得日とされている。

2　特例等の適用

イ　贈与したマンションについて，相続時精算課税制度を選択した場合，暦年課税制度を適用した場合，いずれにおいても被相続人の特定居住用宅地に係る小規模宅地等の特例適用は困難となる。

ロ　住宅取得等資金の贈与の特例（適用期限：令和5年12月末）の適用については，金銭の贈与に限られるため，マンションの贈与は対象とならないことに留意する。

ハ　受贈者が贈与により取得したマンションを譲渡した場合には，贈与者の取得日及び取得費を引継ぐこととなる。

③　そ　の　他

イ　賃貸マンションを贈与するに当たり，賃借人から敷金を預かっている場合，敷金は契約終了時に賃借人に未払いの債務がなければ賃借人に返還されることになる。新旧所有者間に敷金の引継ぎがない場合であっても，賃貸中の建物の新所有者は当然に敷金を引き継ぐとされており，このように贈与者が敷金を預かった状態で賃貸マンションを第三者に贈与したときは，形式上「負担付贈与」に該当し，相続税評価ではなく時価（通常の取引価格）で評価しなければならない。この点，敷金返還義務に相当する現金の贈与を同時に行うことによって負担付贈与に当たらない旨の取扱いがされているので，贈与の方法に留意が必要である（国税庁質疑応答事例「賃貸アパートの贈与に係る負担付贈与通達の適用関係」）。

ロ　相続ではなく贈与によって不動産を移転する場合は，不動産取得税や登録免許税の負担が増加するので，この点も確認する必要がある。

6　ま　と　め

　各事例を概観すると，令和6年1月1日以後に相続，遺贈又は贈与により取得したマンションの評価については，ビンテージマンションに見られるようにマンション通達を適用することによって，マンション評価額が基本通達評価額より下がるケースはゼロとはいえ

ないが，マンションを所有するほとんどの人が影響を受けることになるであろう。

　特に，基本通達評価額に基づいて計算すると相続税の課税対象とならなかった人のうち，マンション通達に基づき計算すると課税対象となる人が生じると見込まれ，これらの人は，納税資金の捻出のみならず，相続税の申告手続など予想外の負担が生じると懸念される。

　表3「中古マンションの成約価格の推移」で触れたように首都圏の成約価格は他の地域を大きく上回っている。事例1,事例2及び事例3で表されるように，都心部，近郊都市及び地方都市とでは市場価格と通達評価額との開差は，都心部ほど大きくなっている。評価乖離率の算定に用いられる指標が平成30年分のデータを使用していること，また，全国一律であることから，市場価格の地域差が開差に反映され，その結果，都心部ほど市場価格とマンション通達評価額との開差は大きくなる。また，地価が高額である首都圏はマンション通達評価額全体に占める土地の評価額の割合が大きいため，小規模宅地等の特例の適用対象となるマンションでは節税効果が大きい。マンション通達の影響は相対的に首都圏では小さく，地方都市へいくほど大きいといえ，首都圏など立地条件の良いマンションを利用した節税策は引き続き有効である。

　また，市場価格5千万円当たりのマンション通達評価額に小規模宅地等の特例又は貸家及び貸家建付地の評価減を適用し，マンション通達評価額の低い順に並び替えてみると，都心の超高層マンション（タワマン）が最も評価額が小さく，次いでビンテージマンション，都心の高層マンション，近郊都市の超高層マンション（タワマン）の順に続く。これらの順位は，タワマンの特徴である一戸当た

りの土地の持分が小さくなることによって土地の評価額が小さくなったこと，小規模宅地等の特例の適用によって評価額が小さくなったことが主な要因であると推察する（表33）。

【表33】小規模宅地等の特例並びに貸家及び貸家建付地の評価減適用後のマンション通達評価額

| マンションの区分 | 事例 | 表番号 | マンション通達評価額(市場価格5千万円当たり) | | | 市場価格と評価額の開差 | 東京駅からの鉄道最短距離 |
			計	建物	土地		
★都心の超高層マンション(タワマン)	事例4	17	476万円	354万円	122万円	5.2	4.9km
★ビンテージマンション	事例6	21	598万円	205万円	393万円	2.3	11.8km
★都心の高層マンション	事例1	7	733万円	392万円	341万円	2.4	6.8km
★近郊都市の超高層マンション(タワマン)	事例5	19	1,030万円	887万円	143万円	3.1	24.4km
☆都心のワンルームマンション	事例10	30	1,165万円	348万円	817万円	3.3	18.7km
★近郊都市の高層マンション	事例2	10	1,629万円	1,376万円	253万円	1.9	27.8km
☆都心のワンルームマンション	事例8	25	2,358万円	624万円	1,734万円	1.6	1.3km
★地方都市の高層マンション	事例3	13	2,761万円	2,614万円	147万円	1.5	115.0km
☆地方都市のワンルームマンション	事例9	28	4,069万円	3,512万円	557万円	0.9	115.0km
リゾートマンション	事例7	23	4,152万円	4,114万円	38万円	1.2	104.6km

(注)★は小規模宅地等の特例を適用し，☆は貸家及び貸家建付地の評価減を行った。

　今後の節税策を考慮したマンション選びにおいては，今までの選択肢に，評価乖離率の算定の指標（評価対象マンションの①築年数，②総階数，③所在階，④敷地持分狭小度）がどのように影響するのか，あるいは影響しないのか市場の動向にも注目したいところである。

　また，一部のリゾートマンションや地方都市の賃貸ワンルームマンションなどでは，マンション通達評価額が市場価格を上回るケースが見られる。このような場合，相続税の申告に当たり，鑑定評価額等を用いて評価額を算定することも考えられるが，市場価格の低い物件にあえて少なくない費用を負担し鑑定評価を行って税務当局から否認されない安全性と，市場価格によって申告し税務当局から否認される危険性について，専門家の意見を十分に聴いた上で判断すべきと思料する。

本稿の事例の検討に当たっては，金融資産をマンションに組み換えることにより，相続税評価額を下げるケースを中心に説明したところである。マンション通達による評価を踏まえたタックスプランニングの参考となれば幸いである。

　なお，金融資産の不足分について，借入れを行ったり，あるいは，自己資金は潤沢であるがあえて借入れを行ったりするなどして債務を計上するケース，また，マンション通達の対象外である区分所有ではないマンション１棟を取得するに当たり債務を計上するケースがあろう。マンション通達の適用により，マンション評価額が市場価格に近付いたとはいえ，いずれのケースにおいても，行き過ぎた節税対策は評価通達総則６項の適用による否認リスクはなくなったわけではない。今後の裁決例や裁判例を通じて，税務調査における否認事例を注視していきたい。

〔まえやま・しずお〕

第4章
マンション評価の新通達と総則6項との関係

税理士 **笹岡　宏保**

ポイント

1　居住用の区分所有財産の評価方法が令和6年1月1日以後に課税時期が到来するものから改正されることとなった。したがって，改正後の評価方法を確認しておくことが必要となる。

2　新通達の適用対象とされるのは居住用の区分所有財産であり，いわゆる「1棟所有マンション」は改正の対象外とされることから，総則6項（この通達の定めにより難い場合の評価）にも従来どおり配慮する必要がある。

3　上記2に加えて，新通達の適用対象とされる居住用の区分所有財産に対して新通達を適用して評価した場合であっても，総則6項を適用する事例が想定されるので留意する必要がある旨が情報で示されており，今後における評価実務の混迷が危惧される。

4　新通達の適用によっても，まだ十分に課税上の是正が完了したとは思えない評価事例を提示しておいたので，確認されたい。

1 はじめに

　令和 5 年 7 月21日付で国税庁より，「居住用の区分所有財産の評価について」（以下「新マンションの評価方法」と呼称する場合がある。）と題する法令解釈通達（以下「新通達」という）の案が公開され，意見公募手続が開始された（募集期限：同年 8 月20日）。

　そして，当該意見公募による意見の一部を反映させて，令和 5 年 9 月28日付で新通達が発遣された。また，新通達の趣旨についてまとめたものとして，同年10月11日付で「『居住用の区分所有財産の評価について』（法令解釈通達）の趣旨について（情報）」（資産評価企画官情報第 2 号）（以下「情報」という。）が公開され，評価実務に資するものとされている。

　本稿では，新通達及び情報に基づいて，新マンションの評価方法が評価通達の第 1 章（総則）の 6 項（この通達の定めにより難い場合の評価）（以下「総則 6 項」という。）の実務的な運用に与える影響を確認してみることを主眼にする。

2　新マンションの評価方法とその留意点

1　新マンションの評価方法

(1)　原則的な評価方法（下記(2)により評価する場合以外の場合）

　新マンションの評価方法については，本書の他稿で既に詳細な解説が行われているので，本稿に必要な最低限の項目のみを簡潔に示

すと，令和6年1月1日以後に相続，遺贈又は贈与により取得した財産の評価方法は，図表－1のとおりとなる。

●図表－1 新マンションの評価方法

新マンションの価額

（算式）
下記(1)により評価した一室の区分所有
権等に係る敷地利用権（土地）の価額
＋
下記(2)により評価した一室の区分所有
権等に係る区分所有権（建物）の価額

(1) 一室の区分所有権等に係る敷地利用権（土地）の価額〔自用地である場合〕

評価通達の定めにより評価し
た「自用地としての価額」
×
区分所有
補正率

(2) 一室の区分所有権等に係る区分所有権（建物）の価額〔自用家屋である場合〕

評価通達の定めにより評価し
た「自用家屋としての価額」
×
区分所有
補正率

＊上記(1)及び(2)に掲げる「区分所有補正率」は，次に掲げる区分に従って，それぞれに示すとおりとなる。

区分所有補正率	①	評価水準 が0.6未満である場合	……	評価乖離率×0.6
	②	評価水準 が0.6以上 1以下である場合	……	1
	③	評価水準 が1を超える場合	……	評価乖離率

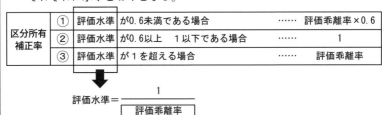

$$評価水準 = \frac{1}{評価乖離率}$$

評価乖離率＝A＋B＋C＋D＋3.220
　A：当該一棟の区分所有建物の築年数（1年未満の端数は1年）×▲0.033
　B：当該一棟の区分所有建物の総階数指数（注）×0.239（小数点以下第4位切捨）
　　（注）「総階数指数」は，次により求めるものとする。
　　　　① 　総階数（地階は含まない）÷33＝＊＊（小数点以下第4位切捨）
　　　　② 　1
　　　　③ 　① ≧ ② ∴いずれか低い方
　C：当該一室の区分所有権等に係る専有部分の所在階×0.018
　　（注1） 当該所在階が地階である場合には，零階とし，Cの値は零となる。
　　（注2） 一室の区分所有権等に係る専有部分が，1階と地階にまたがる場合についても，階数が低い方の階（地階）を所在階とするから，算式中の「C」は零となる。
　　（注3） 一室の区分所有権等に係る専有部分が，一棟の区分所有建物の複数階にまたがる場合（いわゆるメゾネットタイプの場合）には，階数が低い方の階を所在

階とし，当該専有部分が地階である場合は，零階とする。
　D：当該一室の区分所有権等に係る敷地持分狭小度（注）×▲1.195（小数点以下第4位切上）
　（注）「敷地持分狭小度」は，次により求めるものとする。

$$\frac{\text{当該一室の区分所有権等に係る敷地利用権の面積（注A）}}{\text{当該一室の区分所有権等に係る専有部分の面積（注B）}}＝＊＊（小数点以下第4位切上）$$

　注A 「一室の区分所有権等に係る敷地利用権の面積」とは，一棟の区分所有建物に係る敷地利用権が，不動産登記法44条（建物の表示に関する登記の登記事項）1項9号に規定する敷地権（以下「敷地権」という。）である場合には，その一室の区分所有権等が存する一棟の区分所有建物の敷地の面積に，当該一室の区分所有権等に係る敷地権の割合を乗じた面積とするものとされているが，併せて，次に掲げる事項にも留意する必要がある。
　　(イ)　「一室の区分所有権等が存する一棟の区分所有建物の敷地の面積」（上記___部分）は，原則として，利用の単位となっている1区画の宅地の地積によることとなる。
　　(ロ)　分譲マンションに係る登記簿上の敷地の面積のうちに，私道の用に供されている宅地（評価通達24（私道の用に供されている宅地の評価））があった場合，評価上，当該私道の用に供されている宅地は別の評価単位となるが，この場合においても，評価の簡便性の観点から登記簿上の敷地の面積によることとしても差し支えないものとされている。
　　(ハ)　上記(ロ)の取扱いの一方で，分譲マンションの敷地とは離れた場所にある規約敷地（建物の敷地には該当しないものの，マンション入居者が利用することができる庭園や駐車場のように当該マンションと一体性を持って利用される土地をいう。）については，「一室の区分所有権等に係る敷地利用権の面積」には含まれない。
　注B 「一室の区分所有権等に係る専有部分の面積」とは，一室の区分所有権等に係る専有部分の不動産登記規則115条（建物の床面積）に規定する建物の床面積をいうものとされており，次に掲げる事項に留意する必要がある。
　　(イ)　建物の床面積は，「区分所有建物にあっては，壁その他の区画の内側線」で囲まれた部分の水平投影面積（いわゆる内法面積）によることとされており，登記簿上，表示される床面積による。
　　(ロ)　上記(イ)より，共用部分の床面積は含まれないことから，固定資産税の課税における床面積とは異なる。

　留意点　上記に掲げる「区分所有補正率」の適用については，次に掲げる事項に留意する必要がある。
(イ)　上記(1)に掲げる「一室の区分所有権等に係る敷地利用権（土地）の価額」を求める場合において，区分所有者が次に掲げる①及び回をいずれも単独で所有しているときには，「区分所有補正率」は，「1」を下限とするものとされている。換言すれば，上掲の「区分所有補正率」を求める表中の③（水評水準が1を超える場合）の適用はないものとされる。
　　①　一棟の区分所有建物に存する全ての専有部分
　　回　一棟の区分所有建物の敷地

(ロ) 上記(2)に掲げる「一室の区分所有権等に係る区分所有権（建物）の価額」を求める場合において，区分所有者が上記(イ)に掲げる①及び回をいずれも単独で所有しているときであっても，「区分所有補正率」は上掲の「区分所有補正率」を求める表のとおりに適用するものとされている。換言すれば，上掲(イ)に掲げる「区分所有補正率」の下限を「１」とする取扱いの適用はないものとされている。

　図表－１に掲げる新マンションの評価方法の理解を深めるために重要と考えられる事項を示すと，次のとおりである。

① 新マンションの評価方法の導入の経緯

(イ) 改正前の評価方法について

　改正前においては，分譲マンションにおける相続税評価額と市場価格（売買実例価額）との乖離の要因として，次に掲げる事項が考えられた。

① 家屋の相続税評価額は，再建築価格に基づく固定資産税評価額により評価しているが，市場価格（売買実例価額）は，再建築価格に加えて建物総階数及び分譲マンション一室の所在階も考慮されているほか，固定資産税評価額への築年数の反映が大きすぎる（経年による減価が実態より大きい）と，相続税評価額が市場価格（売買実例価額）に比べて低くなるケースがあること

(ロ) 土地（敷地利用権）の相続税評価額は，土地（敷地）の面積を敷地権の割合（共有持分の割合）に応じてあん分した面積に，１m²当たりの単価（路線価等）を乗じて評価しているが，当該面積は，一般的に高層マンションほどより細分化されて狭小となるため，当該面積が狭小なケースは，立地条件が良好な場所でも，その立地条件が敷地利用権の価額に反映されづらくなり，相続税評

価額が市場価格（売買実例価額）に比べて低くなること

㈡　改正（評価乖離率の導入）の経緯

　上記㈡に対応するものとして，相続税評価額と市場価格（売買実例価額）を乖離する要因と考えられた次に掲げる㋑ないし㋕の４つの指数を説明変数（目的変数を説明する変数（物事の要因）をいう。）とし，相続税評価額と市場価格（売買実例価額）との乖離率を目的変数（予測したい変数（物事の結果）をいう。）として，分譲マンションの取引実態等に係る取引事例について重回帰分析（２以上の要因（説明変数）が結果（目的変数）に与える影響度合いを分析する統計手法である。）を行ったところ，有意な結果が得られたので，図表－１に掲げる評価乖離率を基に，相続税評価額を補正する方法が採用されることになった。

　　㋑　築年数　　㋺　総階数指数　　㋩　所在階　　㋥　敷地持分狭小度

②　評価乖離率及び評価水準の意味

㈠　評価乖離率

　図表－１に掲げる「区分所有補正率」の算定過程において用いられている「評価乖離率」（「A＋B＋C＋D＋3.220」により求められる。）は，評価対象財産である居住用の区分所有財産に係る市場価格（売買実例価額）が相続税評価額の何倍に当たるのかを重回帰分析を用いて求めようとするもの（下記（算式）を参照）であり，換言すれば，相続税評価額を基準値とした場合における市場価格（売買実例価額）の位置付け（「開差率」）に該当すると考えれば，その理解が容易となろう。

（算式）

$$\frac{評価対象財産に係る市場価格（売買実例価額）}{評価対象財産に係る相続税評価額}$$

㈡　評価水準

　図表−1に掲げる「区分所有補正率」の算定過程において用いられている「評価水準」を求める計算（1を評価乖離率で除した値とされている。）を展開すると，次の（算式）のとおりとなり，評価水準とは，市場価格（売買実例価額）のうちに占める相続税評価額の割合（何割水準に当たるのか）を求めようとするものであり，換言すれば，市場価格（売買実例価額）を基準値とした場合における相続税評価額の位置付け（「圧縮率」）に該当すると考えれば，その理解が容易となろう。

（算式）

$$\frac{1}{\text{評価乖離率}} = \frac{1}{\dfrac{\text{評価対象財産に係る市場価格（売買実例価額）}}{\text{評価対象財産に係る相続税評価額}}} = \frac{\text{評価対象財産に係る相続税評価額}}{\text{評価対象財産に係る市場価格（売買実例価額）}}$$

③　区分所有補正率の算定において「0.6」を乗じる理由

　図表−1に掲げる「区分所有補正率」を求める計算中の①（評価水準が0.6未満である場合）に該当する場合には，区分所有補正率は「評価乖離率×0.6」と算定するものとされ，評価乖離率そのものを適用するのではなく，これに0.6を乗ずる（換言すれば，40％水準の評価の安定性を許容する。）ものとされている。このような取扱いが設けられたのは，次による理由に基づくものであるとされている。

　㈠　相続税評価額と市場価格（売買実例価額）との乖離に関して，同じ不動産である分譲マンションと一戸建てとの選択におけるバイアスを排除する観点から，一戸建ておける乖離（取引実態

等の結果は平均の開差率1.66倍（換言すれば，圧縮率0.6倍））
も考慮する必要があること

(ロ)　上記(イ)より，一戸建ての相続税評価額と市場価格（売買実例
価額）の6割程度の評価水準となっていることを踏まえ，それ
を下回る評価水準の分譲マンションが一戸建てと比べて著しく
有利となると不公平感が生じかねないため，分譲マンションに
おいても少なくとも市場価格の6割水準となるようにしてその
均衡を図る必要があること

なお，居住用の区分所有財産の価額を図表－1に掲げる新マンシ
ョンの評価方法に基づいて計算した金額によった場合における当該
価額に対する総則6項（この通達の定めにより難い場合の評価）の
適用関係については，後記4 ②(1)を参照されたい。

(2)　**特例的な評価方法（評価乖離率が零又は負数となる場合）**

図表－1に掲げる新マンションの評価方法に基づいて新マンショ
ンの価額を求める場合の基礎となる「一室の区分所有権等に係る敷
地利用権（土地）の価額」及び「一室の区分所有権等に係る区分所
有権（建物）の価額」の算定に当たって，評価乖離率（A＋B＋C
＋D＋3.220）が零又は負数となるときには，これらの財産の価額
は評価しない（0円）ものとされている。

なお，上記の取扱いに基づいて算定された価額に対する総則6項
（この通達の定めにより難い場合の評価）の適用関係については，
後記4 ②(2)を参照されたい。

(3)　**権利関係が生じている場合の取扱い**

図表－1に掲げる新マンションの価額を求める（算式）により求
められた価額は，いずれも自用地又は自用家屋としてのものである
ことから，当該財産が貸家建付地又は貸家である場合には下記のそ

れぞれに掲げる（算式）のとおりに，それぞれの財産に応じる権利関係に基づくしんしゃく調整を行う必要が生じることになる。

① 一室の区分所有権等に係る敷地利用権（土地）が貸家建付地である場合

（算式）

$$評価通達の定めにより評価した「自用地としての価額」\times\genfrac{}{}{0pt}{}{区分所有}{補正率}\times\left(1-\genfrac{}{}{0pt}{}{借地権}{割合}\times\genfrac{}{}{0pt}{}{借家権}{割合}\times\genfrac{}{}{0pt}{}{賃貸}{割合}\right)$$

② 一室の区分所有権等に係る区分所有権（建物）が貸家である場合

（算式）

$$評価通達の定めにより評価した「自用家屋としての価額」\times\genfrac{}{}{0pt}{}{区分所有}{補正率}\times\left(1-\genfrac{}{}{0pt}{}{借家権}{割合}\times\genfrac{}{}{0pt}{}{賃貸}{割合}\right)$$

(4) 小規模宅地等の課税特例の適用対象とされる場合

図表－1に掲げる新マンションの価額を求める（算式）中の「一室の区分所有権等に係る敷地利用権（土地）」については，一定の要件下で措置法に規定する小規模宅地等についての相続税の課税価格の計算の特例（以下「小規模宅地等の課税特例」という。）の適用対象となる。

そうすると，上記の「一室の区分所有権等に係る敷地利用権（土地）」の価額は，あくまでも，小規模宅地等の課税特例適用前の価額として算定されていることから，小規模宅地等の課税特例の適用要件を充足している場合には，別途に当該課税特例を適用することになる。

② 留 意 点

(1) いわゆる「1棟所有マンション」に対する適用除外

新通達に定める新マンションの評価方法の対象とされるのは，建物の区分所有等に関する法律（以下「区分所有法」という。）が適用される居住用の区分所有財産である（その例外として，次の(2)を参照）。

　そうすると，新通達の制定の起因になったと考えられる判例（最高裁判所第三小法廷（令和４年４月19日判決，令和２年（行ヒ）第283号））（以下「最高裁判決」という）における各係争不動産（①東京都杉並区所在の８階建共同住宅，②神奈川県川崎市所在の７階建共同住宅）や事業用のテナント物件のように，区分所有法の対象とならず，被相続人（又は贈与者である場合を含む）がその全体（又は共有持分である場合を含む）を所有している場合には，新通達に定める新マンションの評価方法の適用対象とはされない。

　上記のように取り扱われた理由として，一棟所有の賃貸マンションや事業用のテナント物件については，その流通性・市場性や価格形成要因の点で居住用の物件とは大きく異なることから対象外とし，居住の用に供する区分所有財産のみを対象としたものであると説明されている。

　なお，上記に掲げる新通達の適用対象外とされた財産の価額に対する総則６項（この通達の定めにより難い場合の評価）の適用関係については，後記４①を参照されたい。

(2)　**新通達の適用対象外とされる居住用の区分所有財産**

　区分所有者が存する家屋であっても，次のいずれかに該当するものは，新通達に定める新マンションの評価方法の適用対象外とされている。

①　地階(注1)を除く階数が２以下のもの

②　居住の用に供する(A)専有部分一室の部分が３以下(注2)であって

116

その全てを当該(B)区分所有者又はその親族の居住の用に供するもの(注3)

上記①は一戸建住宅，②はいわゆる二世帯（又は三世帯）住宅に対するそれぞれの評価上の配慮であると考えられる。

（注１）「地階」（上記①の___部分）とは，「地下階」をいい，登記簿上の「地下」の記載により判断される。

（注２）「専有部分の一室が３以下」（上記②の(A)___部分）とは，一棟の家屋に存する（居住の用に供する）専有部分の数が３以下の場合（例えば，３階建てで各階が区分所有されている場合など）をいい，一の専有部分に存する部屋そのものの数をいうものではない。

（注３）「区分所有者又はその親族の居住の用に供するもの」（上記②の(B)___部分）とは，区分所有者が，当該区分所有者又はその親族（以下「区分所有者等」という。）の居住の用に供する目的で所有しているものをいい，居住の用以外の用又は当該区分所有者等以外の者の利用を目的とすることが明らかな場合（これまで一度も区分所有者等の居住の用に供されていなかった場合（居住の用に供されていなかったことについて合理的な理由がある場合を除く）など）を除き，これに該当するものとして差し支えないものとされている。

　　なお，「親族」とは，民法725条（親族の範囲）各号に掲げる者をいう。

また，居住用の区分所有財産であっても，評価通達133（たな卸商品等の評価）に定めるたな卸商品等に該当するものについては，新通達の適用対象外とされる。その理由として，居住用の区分所有財産のうち，たな卸商品に該当するものについては，他の土地，家

屋と同様に，不動産ではあるものの，その実質がまさにたな卸商品等であることに照らし，評価通達133の(1)の定めにより評価（評価方法は，下記（算式）を参照）により評価することが相当とされるためである。

（算式）

その商品の販売業者　販売業者に帰　　　　　納付すべき消費
が課税時期において−属すべき適正−予定経−税額（地方消費
販売する場合の価額　利潤の額　　　費の額　税額を含む）

(3) 居住用の区分所有財産の判定

上記(1)及び(2)より，新通達に定める新マンションの評価方法の対象とされるのは，区分所有法が適用される<u>一定の</u>居住用の区分所有財産とされている（「一定の」（前記<u>　　</u>部分）と表記したのは，上記(2)による）。

そうすると，この要件に該当する居住用の区分所有財産については，その全てが新通達に定める新マンションの評価の適用対象とされることになり，その判断に当たっては，次に掲げる当該居住用の区分所有財産に係る事項は一切考慮の対象とはされないことに留意する必要がある。

① 所有目的（(イ)相続税対策を意図としていたか否か，(ロ)純粋に被相続人の居住用にすぎなかったか否か，(ハ)純粋に被相続人が不動産投資を目的として所有していたか否か等）

② 所有期間（被相続人による所有期間が当該相続開始以前の相当長期間に及ぶものであるのか又は当該相続開始直前の短期的なものにすぎないものであるのか）

③ 購入資金等の別（自己資金によるのか又は金融機関等からの借入金によるのか）

また併せて，新通達の適用対象とされる居住用の区分所有財産に該当するか否かの判定に当たっては，次に掲げる事項にも留意する必要がある。

　　㈶　「居住の用」とは，一室の専有部分について，構造上，主として居住の用途に供することができるものをいい，原則として，登記簿上の種類に「居宅」を含むものがこれに該当すること

　　㈭　構造上，主として居住の用途に供することができるものであれば，課税時期において，現に事務所として使用している場合であっても，「居住の用」に供するものに該当すること

　　㈸　「一棟の区分所有建物」とは，当該区分建物の登記がされたものをいうこととしているので，区分建物の登記をすることが可能な家屋であっても，課税時期において区分建物の登記がされていないものは，新通達に定める「一棟の区分所有建物」には該当しないこと

⑷　**借地権付分譲マンションの目的とされる貸宅地の評価**

　借地権付分譲マンションの目的とされる貸宅地（底地）の評価においては，その借地権の目的となっている土地の上に存する家屋が分譲マンションであってもなくても，土地所有者から見ればその利用の制約の程度は変わらないと考えられることから，評価通達25（貸宅地の評価）の⑴（借地権の目的となっている宅地の価額）又は⑵（定期借地権等の目的となっている宅地の価額）の定めにより貸宅地の評価を行う場合における「自用地としての価額」については，新通達の適用がないものとされている。この取扱いを評価通達25の⑴を例に示すと，次に掲げるとおりとなる。

> 評価通達25（貸宅地の評価）の⑴（借地権の目的となっている宅地の価額）

その宅地の自用地としての価額－評価通達27（借地権の評価）の

　　定めにより評価したその借地権の価額

＝その宅地の自用地としての価額－その宅地の自用地としての価額

　　×借地権割合

＝その宅地の自用地としての価額×（１－借地権割合）

　　（注）「その宅地の自用地としての価額」（上記＿＿部分）を求める場

　　　　合には，新通達の適用がないこととされる。

　　その一方で，居住用の区分所有財産が借地権付分譲マンション

（一室の区分所有権等に係る敷地利用権が賃借権又は地上権）であ

る場合における借地権の評価（その宅地の自用地としての価額×借

地権割合）を求めるときには，「その宅地の自用地としての価額」

は新通達の適用があることに留意する必要がある。

(5)　取引相場のない株式の純資産価額への適用

　　図表－１に掲げる新マンションの評価方法に基づいて算定された

新マンションの価額は，取引相場のない株式を評価通達185（純資

産価額）の定めにより評価する純資産価額（相続税評価額によって

計算した金額）においても適用されるものとされている。

(6)　個別通達による制定

　　新通達に定める新マンションの評価方法は評価通達ではなく，個

別通達（居住用の区分所有財産の評価について）により制定される

ことになった。これは，上記１に掲げる新通達の文章中に，「表題

（筆者注　新通達の名称）のことについては，昭和39年４月25日付

直資56，直審（資）17「財産評価基本通達」（法令解釈通達）によ

るほか，下記（筆者注　略）のとおり定めたから，（中途略），こ

れにより取り扱われたい」とあり，明確である。

　　このように新通達に定める新マンションの評価方法が個別通達に

より定められたのは，今後における当該新通達の臨機応変な見直し
が想定（この点につき，後記5②に掲げる図表－4を参照された
い）されていることから，この点を考慮したものと考えられる。

3 総則6項の定めとその適用基準

① 総則6項の定め

　総則6項（この通達の定めにより難い場合の評価）において，
「この通達の定めによって評価することが著しく不適当と認められ
る財産の価額は，国税庁長官の指示を受けて評価する」と定められ
ている。このような定めが設けられた背景は，次のとおりである。

(1) 相続税法22条（評価の原則）の規定では，相続財産の価額は，
　原則として，当該財産の取得の時における時価（客観的な交換価
　値）によるべきとされているが，当該時価を一義に確定させるこ
　とは困難であり，課税実務上は，評価通達に定められた画一的な
　評価方法によって評価される。

(2) 上記(1)に掲げる画一的な評価方法（換言すれば，形式的平等性
　に基づく評価）によることが，納税者間の公平，納税者の便宜，
　徴税費用の節減という見地からみて合理的であるという法令解釈
　上の一般的な相当性を担保しているものとされる。

(3) 上記(2)に掲げる形式的平等性に基づく評価を過度に重視するこ
　とによって，富の再分配機能を通じて経済的平等を実現するとい
　う相続税の目的に反し，かえって実質的な租税負担の公平を著し
　く害することが明らかな場合には，別の評価方法によることが許
　されるものと解される。

(4) 上記(3)に掲げる別の評価方法として，総則6項を定め，形式的な平等よりかえって実質的な租税負担の公平を著しく害するような評価通達の定めにより難い財産の評価についても，評価の原則である時価（客観的な交換価値）の解釈を行って，個別に評価する制度を採用するものである。

② 「著しく不適当」の意義

総則6項（この通達の定めにより難い場合の評価）に示されている「著しく不適当」（上記①の＿＿部分）の意義及び解釈基準として，「評価通達による評価が，時価の評価として合理性を有する限り，納税者間の公平等の見地から，原則としてすべての納税者との関係で評価通達による評価を行う必要があるが，例外的に，評価通達による評価方法によらないことが正当と是認される『特別の事情』がある場合には，別の合理的な評価方法によることが許されると解するのが相当」とされている。

なお，上掲の「特別の事情」という用語は，上記2②に掲げる最高裁判決では一切使用されておらず，これに代替するものとして「合理的な理由」という用語が用いられている。筆者は，税理士による評価実務上の解釈としてみる限り，両用語は同義として使用されていると理解しても差し支えはないものと考えている。

③ 総則6項の適用基準

従来，評価実務においては，評価実務の便宜に資するものとして，平成14年6月28日付で，国税庁より，『相個通「財産評価基本通達第5項（評価方法の定めのない財産の評価）及び第6項（この通達の定めにより難い場合の評価）の運用について」の一部改正につい

て（事務運営指針）課評１－13他』（以下「本件事務運営指針」という）が示されていた。

　国税庁では本件事務運営指針に基づいて，従来より具体的な総則６項の適用基準を定めていたが，上記２②に掲げる最高裁判決における判示内容も踏まえて整理が行われたようである。この整理後（現行）における総則６項の適用基準は，図表－２に掲げるとおりになったと考えられる。

●図表－２　現行における評価通達６の適用基準

区分	具体的な内容
基準1	評価通達に定められた評価方法以外に，他の合理的な評価方法が存在するか
基準2	評価通達に定められた評価方法による評価額と他の合理的な評価方法による評価額との間に著しい乖離が存在するか
基準3	課税価格に算入される財産の価額が，客観的な交換価値としての時価を上回らないとしても，評価通達の定めによって評価した価額と異なる価額とすることについて合理的な理由があるか

4　総則６項の適用想定例

① いわゆる「１棟所有マンション」の取扱い

　上記２②(1)の摘示のとおり，新通達に定める新マンションの評価方法の適用対象は区分所有法が適用される居住用の区分所有財産であり，いわゆる「１棟所有マンション」（区分所有法の対象とされないのであれば，居住用又は商業用等の物件の用途を問わない）は，その適用対象とされないことから，今後，相続税対策と称して「１棟所有マンション」の取得（事例によっては，共有持分による取

得）を推奨する向きも想定されよう。

(1) 最高裁判決の概要

　上記2②(1)に掲げる最高裁判決の判示内容を再確認されたい。課税時期における1棟所有マンションの時価（客観的な交換価値）と評価通達の定めによる価額（相続税評価額）の両者の関係につき，図表－2に掲げる基準により検討した結果，事例次第では総則6項（この通達の定めにより難い場合の評価）の適用を視野に入れる必要も生じてこよう。これをまとめると，図表－3のとおりである。

●図表－3　最高裁判決の判示内容と総則6項の適用

不動産	種類・構造	①相続税評価額	②購入価額	③不動産鑑定評価額
甲不動産 （東京都杉並区）	1棟マンション （地上8階建）	200,041,474円	837,000,000円 （ 参考　①／② ≒ 23.9% ）	754,000,000円 （ 参考　①／③ ≒ 26.5% ）
乙不動産 （神奈川県川崎市）	1棟マンション （地上7階建）	133,664,767円	550,000,000円 （ 参考　①／② ≒ 24.3% ）	519,000,000円 （ 参考　①／③ ≒ 25.8% ）
合　計		333,706,241円	1,387,000,000円 （ 参考　①／② ≒ 24.1% ）	1,273,000,000円 （ 参考　①／③ ≒ 26.2% ）

(2) 最高裁判決の判示内容

① 相続税法22条に規定する時価と相続税の課税価格に算入される財産との関係

　相続税の課税価格に算入される財産の価額は，当該財産の取得の時における客観的な交換価値としての時価を上回らない限り，同条に違反するものではなく，このことは当該価額が評価通達の定める方法により評価した価額を上回るか否かによって左右されないというべきである。

② 相続財産の価額と平等原則との関係

　相続税の課税価格に算入される財産の価額について，評価通達の

定める方法による画一的な評価を行うことが実質的な相続税負担の公平に反するというべき事情がある場合には，合理的な理由があると認められるから，当該財産の価額を評価通達の定める方法により評価した価額を上回る価額によるものとすることが，平等原則^(注)に違反するものではないと解するのが相当である。

> （注） 平等原則とは，租税法上の一般原則の一つであり，租税法の適用に関し，同様の状況にあるものは同様に取り扱われることを要求するものと解されている。

③ 総則6項の適用を支持

上記①及び②に掲げる法令解釈等に基づいて，甲不動産及び乙不動産の価額につき，総則6項（この通達の定めにより難い場合の評価）の適用を支持して，図表－3の③に掲げる不動産鑑定評価額による評価を相当と判断した。

(3) **新通達適用後における対応とその留意点**

① 新通達適用後における対応

最高裁判決で争点とされた事案が仮に，新通達適用（令和6年1月1日）以後に生じたとする。そうすると，既述のとおり，当該事案に新通達に定める新マンションの評価方法は適用されない。

その一方で，図表－3の③及び①から確認できるとおり，対象不動産（1棟所有マンション）に係る時価（客観的な交換価値）と評価通達に定める価額（相続税評価額）との間には，約4倍の評価乖離率（換言すれば，新通達に定める用語を用いるのであれば，評価水準として約0.25）が認められる。

そうすると，これをそのまま容認することは，上記(2)①及び②の観点から相当ではなく，新通達適用後においても従来どおり総則6項（この通達の定めにより難い場合の評価）の適用の可否が新たな

論点とされよう。

② 留 意 点

　上記①において総則6項の適用が行われるべきものと仮定する。この場合においても，新通達適用（令和6年1月1日）以後において，対象不動産に係る時価（客観的な交換価値）どおり，換言すれば，最高裁判決の場合には，1,273百万円（不動産鑑定評価額）とされるのかという点に関心が集ろう。

　すなわち，もし仮に対象不動産が新通達の適用対象とされる区分所有法の目的とされる居住用の区分所有財産であった場合には，図表－1に掲げる「区分所有補正率」の①に該当することから，当該区分所有補正率は「評価乖離率×0.6」とされる（一戸建住宅の評価水準との関係で，40％のアローアンス^(注)を許容したとされている）ところ，新通達の適用対象外とされる不動産に対しては，時価100％で評価することの是非が新たな議論になる（ただし，評価通達の定めによらず，相続税法22条（評価の原則）の規定を適用して評価する場合には，時価100％で評価することが許容されるとするのが一般的な法令解釈等とされているのだが）ものと考えられる。

　（注）　上掲の40％のアローアンスの許容については，後記[2](1)を別途，参照されたい。

[2]　新通達の適用と総則6項の関係

　図表－1に掲げる新マンションの評価方法に基づいて算定された新マンションの価額は常に当該財産の適正評価額として容認されるのか。また，当該財産の価額に対する総則6項（この通達の定めにより難い場合の評価）の適用可能性について，次に掲げる評価方法の態様別に検討を加えてみることにする。

(1) 原則的な評価方法により評価する場合

　新マンションの価額を上記2①(1)に掲げる原則的な評価方法（この方法は，評価乖離率がプラスとなる場合に適用される。）により算定した場合であっても，新通達及び評価通達の定める評価方法によって評価することが著しく不適当と認められる場合には，総則6項が適用されることになる。

　したがって，新通達を適用した価額よりも高い価額により評価することもある一方で，マンションの市場価格の大幅な下落その他新通達の定める評価方法に反映されない事情が存することにより，新通達の定める評価方法によって評価することが適当でないと認められる場合には，個別に課税時期における時価を鑑定評価その他合理的な方法により算定し，居住用の区分所有財産の価額（一室の区分所有権等に係る敷地利用権（土地）の価額及び一室の区分所有権等に係る区分所有権（建物）の価額）とすることができるものと情報において定められており，この点は，他の財産の評価におけるこれまでの取扱いと違いはないものとされる。

　なお，次に掲げる検討項目に対して総則6項が使われないとの評価実務上の保障があるのか否かについては，今後も見解が分かれるのではないかと考えるところである。

評価の安全性（60%水準）の考え方に対する検討項目

　図表－1に掲げる「区分所有補正率」の①（評価水準が0.6未満である場合）欄を参照されたい。この場合の「区分所有補正率」は「評価乖離率×0.6」となっており，時価（客観的な交換価値）より低めの評価方法が適用される。

　再度，図表－1に掲げる「区分所有補正率」の②（評価水準が0.6以上1以下である場合）欄も参照されたい。この場合の「区分

所有補正率」は「1」となっており，換言すれば，事実上，新通達の適用はなく改正前（令和5年12月31日まで）と同様の評価方法が適用される。

そして，評価水準が0.6とは，例えば，時価（客観的な交換価値）が100である場合の当該財産の価額（相続税評価額）が60であることを意味し，両者の間には評価の安全性としての60％水準が容認されていることに表面上はなる。

しかしながら，この60％水準は完全に自動容認されるものであるか否かについては，なお一層，検討の余地があるものと考えられる。例えば，「100億円と60億円」の場合も「1億円と0.6億円」の場合，いずれも率にすると60％であるが，両者の乖離額で見ると40億円と0.4億円となり，これを同一水準で取り扱ったならば，課税の公平が担保されないと考えられる。

その一方で，上記2 ②(1)に掲げる最高裁判決の判示中に，要旨「通達評価額と鑑定評価額（筆者注 客観的な交換価値（時価）を指す。）との間には大きな乖離があるということができるものの，このことをもって上記事情（筆者注 相続税の課税価格に算入される財産の価額について，評価通達の定める方法による画一的な評価を行うことが実質的な租税負担の公平に反するというべき事情を指す。）があるということはできない」とあり，また，情報においても，「新通達の定める評価方法に反映されない事情が存することにより，新通達の定める評価方法によって評価することが適当でないと認められる場合」（上記＿＿部分）には，総則6項の適用を検討するものとされているが，その検討要因のうちには単なる価額差は入っていないものとも考えられる。

(2) **特例的な評価方法により評価する場合**

新マンションの価額を上記2①(2)に掲げる特例的な評価方法（この方法は，評価乖離率が零又は負数となる場合に適用されるものであり，これに該当した場合には居住用の区分所有財産の価額は0円とされる。）によった場合であっても，新通達及び評価通達の定める評価方法によって評価することが著しく不適当と認められる場合には，総則6項（この通達の定めにより難い場合の評価）が適用されることになる。

上記の取扱いに対する考え方は，上記(1)の「したがって」以下のとおりであるので，該当項目を参照されたい。

なお，本項目を検討するに当たって，留意すべき重要裁決事例があるので，併せて，後記5③を参照されたい。

③ 総則6項の適用が懸念される具体的な評価事例

(1) 大都会に存在するいわゆるヴィンテージマンションへの対応

① ヴィンテージマンションの意義

マンションの場合，一般的には経年によりその不動産価値は漸次に下落すると考えられる。しかしながら，世上では「ヴィンテージマンション」と呼称され，新築後の経過年数は相当なものであるにもかかわらず，その立地条件（地域ブランド）やマンション独自のデザイン性等が高く評価され，物件価値を維持し（物件のなかには，売出時の価額よりも高額で中古市場において取引されるものもある），独自の市場価値を形成しているもの（大都会又はその周辺の著名な住宅地域に存することが多い）がある。

② ヴィンテージマンションに対する試算例

上記①に掲げるヴィンテージマンションに新通達の適用で十分な対応が可能か否かを，筆者の知る事例で検討してみたい。

（事例）

・大阪駅まで公共交通機関で10分以内でアクセス可能な物件で，近時の売買実例価額は，40,000千円前後である。

・築年数　30年

・敷地利用権の面積　13.83㎡

・建物の固定資産税評価額　4,496千円

・総階数　11階

・専有部分の面積　60.45㎡

・宅地に係る1㎡当たりの路線価　520千円

・所在階数　3階

（検討）

㈑　新通達適用後における価額（相続税評価額）

㋑　評価乖離率

$$(30年 × ▲0.033) + (0.333^{(注)} × 0.239) + (3階 × 0.018) + (\frac{13.83㎡}{60.45㎡}(0.229) × ▲1.195) + 3.220 = 2.089$$

（注）　11階÷3階≒0.3333……⇒0.333≦1　∴0.333（いずれか低い方）

㋺　評価水準

$$1 ÷ 2.089（上記㋑）≒0.478$$

㋩　区分所有補正率

$$2.089（上記㋑）× 0.6 = 1.2534（上記㋺の評価水準が0.6未満である場合に該当）$$

㋥　新通達適用後の価額（相続税評価額）

$$(\underset{(建物の価額)}{4,496千円 × 1.0} + \underset{\substack{(土地（敷地持分\\対応）の価額)}}{520千円 × 13.83㎡}) × \underset{(区分所有補正率)}{1.2534} = \underset{\substack{(区分所有補正率適用前\\のマンションの価額)}}{11,687,600円} × \underset{(区分所有補正率)}{1.2534}$$

$$= \underset{\substack{(相続税評価額\\(新通達適用後))}}{\underline{14,649,237円}}$$

㈒　時価（客観的な交換価値）との乖離と総則6項の適用懸念

　　上記㈑㋥に掲げる新通達による新マンション評価方法を適用した後の価額（相続税評価額）である14,649,237円をもってしても，上記（事例）に掲げる近時の売買実例価額（40,000,000円）を大きく

下回っており，（下記 **参考** を参照），適正な対応が図られたか否か疑問が残るところである。このような事例に対しては，総則6項（この通達の定めにより難い場合の評価）の適用の可否が新たな論点とされよう。

参考　40,000,000円 ÷ 14,649,237円　　　　　≒2.73倍
　　　　　（近時の売買実例価額）　（相続税評価額（新通達適用後））

　なお，このような事象が生じるのは，図表－1に掲げる新通達で採用した「評価乖離率」の計算式に，対象不動産の所在地に応ずる稀少価値度（ヴィンテージ指数）を用いなかったことが主因（もちろん，このような指数を評価通達に定める財産評価に用いること自体が困難であることは，十分に承知しているところである。）と考えられる。

(2)　人気上昇で稀少価値の高い地方リゾート（投資）物件への対応

① 概　　　要

　これは筆者の体験にすぎないが，京都市は旧来より，建築制限（容積率，建ぺい率，高さ制限等）が非常に厳しく，比較的町中（まちなか）と考えられるところでもマンション物件の供給が少ない。また，供給されたとしても第一種低層居住専用地域内の3階建て（高さ制限10m）である物件も珍しくない。その一方で，「（千年の都）京都」というブランド価値（地方リゾート物件）からいわば一種の投資物件として取引されていると思えるような，地元民が見て信じ難い高額での取引が見受けられ，独自の市場価値を形成しているともいえる。

② 稀少価値の高い地方リゾート（投資）物件に対する試算例

（事例）

・京都市A区（市内でも有数の閑静な住環境（第一種低層居住専

用地域）下にあるブランド地である）に所在する物件で，近時の
売買実例価額は，110,000千円で前後である。

・築年数　6年

・敷地利用権の面積　87.86㎡

・建物の固定資産税評価額　13,200千円

・総階数　3階

・専有部分面積　82.56㎡

・宅地に係る1㎡当たりの路線価　320千円

・所在階数　1階

（検討）

㈠　新通達適用後における価額（相続税評価額）

①　評価乖離率

（6年×▲0.033）＋（0.090（注）×0.239）＋（1階×0.018）＋$\left(\frac{87.86㎡}{82.56㎡}(1.065)\right)$×▲1.195＋3.220＝1.788

（注）　3階÷33階≒0.0909……⇒0.090≦1　∴0.090（いずれか低い方）

㈹　評価水準

1÷1.788（上記①）≒0.559

㈥　区分所有補正率

1.788（上記①）×0.6＝1.0728（上記㈹の評価水準が0.6未満である場合に該当）

㈺　新通達適用後の価額

（13,200千円×1.0＋320千円×87.86㎡）× 1.0728　＝　41,315,200円　× 1.0728
　（建物の価額）　（土地（敷地持分　（区分所有補正率）　（区分所有補正率適用前　（区分所有補正率）
　　　　　　　　　対応）の価額）　　　　　　　　　のマンションの価額）

　　　　　　　　　　　　　　　　　　　　　　　　　　＝　44,322,946円
　　　　　　　　　　　　　　　　　　　　　　　　　　　　（相続税評価額
　　　　　　　　　　　　　　　　　　　　　　　　　　　　（新通達適用後））

㈡　時価（客観的な交換価値）との乖離と総則6項の適用懸念

　　上記㈠㈺に掲げる新通達による新マンションの評価方法を適用し
た後の価額（相続税評価額）である44,322,946円をもってしても，
上記（**事例**）に掲げる近時の売買実例価額（110,000,000円）を大
きく下回っており（下記**参考**を参照），適正な対応が図られたか否

か疑問が残るところである。このような事例に対しては，総則6項（この通達の定めにより難い場合の評価）の適用の可否が新たな論点とされよう。

参考　110,000,000円 ÷ 44,322,946円　　　　　≒2.48倍
　　　（近時の売買実例価額）（相続税評価額（新通達適用後））

　なお，このような事象が生じるのは，上記(1)において摘示した要因に準ずる要因（人気上昇地における稀少価値度を考慮の有無）によるものであると考えられる。

　また，これも筆者が相談を受けた事例であるが，北海道のニセコ町（近年，スキーリゾートとして特に外国人に人気の土地である）に所在する低層リゾートマンションにおいても，同様の状況が確認されたことも，併せて摘示しておきたい。

(3)　今ではさびれきってしまった昔の地方リゾート（投資）物件への対応

①　概　　　要

　これは不動産業界に少しでも関心を有する者であれば，ほぼ全ての者が承知している事項であるが，関東信越圏内に存する昔は大変栄えたスキーリゾート地の築30年以上経過した中古マンションが，昨今ではほとんど値段が付かない状態であるとされている。

②　今はさびれてしまった昔の地方リゾート（投資）物件に対する試算例

（事例）

・築年数　33年

・敷地利用権の面積　20.25㎡

・建物の固定資産税評価額　4,250千円

・総階数　16階

・専有部分の面積　40.25㎡

・宅地に係る1㎡当たりの相続税評価額　16,800円

・所在階数　12階

・近時の売買実例価額　900,000円前後

（検討）

(イ)　新通達適用後における価額（相続税評価額）

㋑　評価乖離率

(33年×▲0.033)＋(0.484[注]×0.239)＋(12階×0.018)＋($\frac{20.25㎡}{40.25㎡}$(0.504)×▲1.195)＋3.220＝1.859

　　(注)　16階÷33階≒0.4848……⇒0.484≦1　∴0.484（いずれか低い方）

㋺　評価水準

　　1÷1.859（上記㋑）≒0.537

㋩　区分所有補正率

　　1.859（上記㋑）×0.6＝1.1154（上記㋺の評価水準が0.6未満である場合に該当）

㊁　新通達適用後の価額（相続税評価額）

(4,250千円×1.0＋16,800円×20.25㎡)×　1.1154　＝　4,590,200円　×　1.1154
（建物の価額）　（土地（敷地持分　（区分所有補正率）（区分所有補正率適用前　（区分所有補正率）
　　　　　　　　対応）の価額）　　　　　　　　　のマンションの価額）

　　　　　　　　　　　　　　　　　　　　　　　　＝　5,119,909円
　　　　　　　　　　　　　　　　　　　　　　　　（相続税評価額
　　　　　　　　　　　　　　　　　　　　　　　　（新通達適用後））

(ロ)　時価（客観的な交換価値）との乖離と総則6項の適用検討

　本事例は上記(1)又は(2)と異なり，上記(イ)㊁に掲げる新通達による新マンション評価方法（相続税評価額）である5,119,909円は上記（**事例**）に掲げる近時の売買実例価額（900,000円前後）を大きく上回っており，当該相続税評価額で申告を行うことには疑問が残るところである。このような事例に対しては，総則6項（この通達の定めにより難い場合の評価）の適用の可否が新たな論点とされよう。

参考　5,119,909円　÷　900,000円　　　　　≒5.68倍
　　　　（相続税評価額　　　（近時の売買実例価額）
　　　　（新通達適用後））

　なお，本件の設定（今ではさびれきってしまった昔の地方リゾー

ト）は一見すると特殊事案のように思えるかも知れないが，現在の日本では年々，このような事例が顕在化していることを指摘しておきたい。

5　その　他

1　筆者が気掛かりにしていること（令和5年中に贈与を実行してしまった事案について）

　再掲となるが，新マンション評価方法を定めた新通達の適用は，令和6年1月1日以後に相続，遺贈又は贈与により取得した財産に適用するものとされている。そうすると，識者のなかには，特に評価水準の低い（換言すれば，評価乖離率の高い）居住用の区分所有財産を現行の評価方法が適用される令和5年中に後継者に贈与してしまった（それも，贈与税負担を考慮して，相続時精算課税制度を活用して）という事例を側聞するかもしれない（このような贈与と類似のものとして，平成29年の後半の贈与（平成29年をもって広大地の評価が廃止されることへの対応策）が指摘されよう。）。

　しかしながら，今回の場合には，たとえ，令和5年中の贈与であっても，当該贈与財産の価額につき，総則6項（この通達の定めにより難い場合の評価）の適用の有無に，常に留意する必要があったということを摘示しておきたい。

2　報道発表資料と新通達及び情報の取扱上の差異

　令和5年6月30日に国税庁から公開された「報道発表資料」と今回の新通達及び情報で文章化されたものにつき，新マンションの評

価方法の今後の見直し等に関する部分の差異をまとめると，図表－4のとおりとなり，通達化に当たって明文化の範囲が後退したかの感がある。

●図表－4　報道発表資料と新通達及び情報の差異（新マンションの評価方法の今後の見直し等）

項目	報道発表資料 （令和5年6月30日）	新通達及び情報	
		新通達	情報
評価方法の見直しについて	上記の評価方法（筆者注 新マンションの評価方法）の適用後も，最低評価水準と重回帰式については，固定資産税の評価の見直し時期に併せて，当該時期の直前における一戸建て及びマンション一室の取引事例の価格に基づいて見直すものとする。 　また，当該時期以外の時期においても，マンションに係る不動産価格指数等に照らし見直しの要否を検討するものとする。	評価乖離率を求める算式（筆者注 図表－1を参照）及び上記(2)（筆者注 評価水準が0.6未満の場合を指す）の値(0.6)については，適時見直しを行うものとする。	評価方法の見直しは，3年に1度行われる固定資産税評価の見直し時期に併せて行うことが合理的であり，改めて実際の取引事例についての相続税評価額と売買実例価額との乖離状況等を踏まえ，その要否を含めて行うこととなる。
個別評価について	マンション市場価格の大幅な下落その他見直し後の評価方法に反映されない事情が存することにより，当該評価方法に従って評価することが適当でないと認められる場合は，個別に課税時期における時価を鑑定評価その他合理的な方法により算定する旨を明確化する（他の財産の評価における財産評価基本通達6項に基づくこれまでの実務上の取扱いを適用）。	該当部分の記載はなし	新通達及び評価通達の定める評価方法によって評価することが著しく不適当と認められる場合には，総則6項が適用されることから，その結果として，新通達を適用した価額よりも高い価額で評価することもある一方で，マンションの市場価格の大幅な下落その他新通達の定める評価方法に反映されない事情が存することにより，新通達の定める評価方法によって評価することが適当でないと認められる場合には，個別に課税時期における時価を鑑定評価その他合理的な方法により算定し，一室の区分所有権等に係る敷地利用権の価額及び一室の区分所有権等に係る区分所有権の価額とすることができる。この点は，他の財産の評価におけるこれまでの扱いとは違いはない。

③ 評価乖離率が零又は負数となる場合に留意すべき重要裁決事例

上記4 ②(2)で摘示した留意すべき重要な国税不服審判所裁決事例（平成22年10月13日裁決，東裁（諸）平22−81，平成19年贈与分）があるので，確認してみることにする。

(1) 裁決事例の内容（要旨）

① 事案の概要

受贈者である子Ｘは，平成19年7月21日に贈与者である父から図表−5に掲げる区分所有財産（本件マンション）である土地及び建物の贈与（以下「本件贈与」という。）を受けた。

●図表−5　贈与を受けた財産

土　　　地		建　　　　　物			
		専有部分である居宅	共有部分である階段室	共有部分である事務所	
所　在	東京都渋谷区	所　在	東京都渋谷区	東京都渋谷区	東京都渋谷区
地　番	＊＊＊＊	家屋番号	＊＊＊＊	＊＊＊＊	＊＊＊＊
地　目	宅地	種　類	居宅	階段室	事務所
地　積	11,353.53㎡	構　造	鉄筋コンクリート造陸屋根4階建	鉄筋コンクリート造陸屋根4階建	鉄筋コンクリート造陸屋根平屋建
共有持分	2,784分の20				
参考 共有持分に応じる土地所有面積 11,353.53㎡×$\frac{20}{2,784}$ ≒81.56㎡		床面積	42.31㎡	1階6.08㎡， 2階8.49㎡ 3階8.49㎡， 4階8.49㎡	9.28㎡
		共有持分	――――	8分の1	2,784分の20

この贈与を受けた本件マンションは高度経済成長期（昭和33年）に新築されたいわゆる団地型マンションで，贈与時点においては建築後約50年が経過した相当老朽化した物件である。そのため，本件マンションの管理組合では本件マンションの建替事業を推進中であり，本件贈与（平成19年7月21日）の前後において下記に掲げる事

実を認めることができる。

(イ) 平成18年9月16日

　管理組合の臨時総会が開催され，具体的な建替計画を進めるための『建物基本計画案』の作成について圧倒的多数の賛成（賛成率約87％）により可決した。

(ロ) 平成19年4月22日

　管理組合の臨時総会が開催され，新築建物の基本設計を決定するための『建物基本計画案』の承認について圧倒的多数の賛成（賛成率約94％）により可決した。

(ハ) 平成19年5月30日

　管理組合は，＊＊＊＊（建替事業の予定パートナー）との間で本件建替事業に必要な諸項目に関して『建替事業協力に関する覚書』を締結した。

(ニ) 平成19年7月21日

　本件贈与が実行された。

(ホ) 平成19年10月28日

　本件マンションの建替えに係る決議が建替決議集会において採決され，区分所有者の全員同意により成立した。

　上記に掲げる状況において，この贈与を受けた本件マンション（区分所有建物及びその敷地権である土地の共有持分）の相続税評価額（評価通達の定めにより評価（当然であるが，新通達の適用前）した価額は，区分所有建物670,000円，敷地権である土地の共有持分71,392,340円である72,062,340円となる。）の算定に当たって，本件マンションが相当に老朽化し，かつ，陳腐化したものであり市場性もきわめて低いものと考えられること等から，評価通達6（この通達の定めにより難い場合の評価）に掲げられている「特別

の事情」に該当するものとして，不動産鑑定士による鑑定評価額（23,000,000円）を用いて評価することの可否が争点とされた事案である。

② 争点と争点に対する双方の主張

本件事例の争点と当該争点に対する双方（請求人・原処分庁）の主張は，図表－5のとおりとなる。

●図表－5　争点に関する双方の主張

争　点	請求人（納税者）の主張	原処分庁（課税庁）の主張
(1) 本件不動産の評価に評価通達により難い特別な事情が存在するか	本件不動産の価格の算定に際しては，次のとおり評価通達により難い特別な事情がある。 ① 一般的なマンションの売買は，区分所有建物の専有床面積に着目して行われているが，評価通達の定めによりマンションを評価する場合には，マンションが共有財産であり単独所有の建物とその敷地に比して制約があるということが考慮されず，マンションの土地部分と建物部分を区分しそれぞれ別個の不動産として価額を算定することとなるから，建物の専有部分の床面積に対応するその敷地面積が広大な本件マンションの時価の算定を評価通達の定めにより行うと売買の実態と乖離した非常に高い価額となる。 ② 本件不動産は，築50年の団地型マンションで住戸面積は狭く建物も経年劣化し給排水設備は陳腐化しエレベーターはなく高齢者に対応した構造にはなっておらず，今日の水準からみると居住性能は著しく不十分な建物である。	本件不動産の相続税評価額は，次のとおり客観的交換価値とみるべき合理的な範囲内にあり，特別な事情があるとは認められない。 本件不動産の相続税評価額は，下記(3)に記載するとおり，72,062,340円と認められるところ，本件甲土地の近隣における公示価格及び取引事例を基にこれらと比較して本件甲1土地の時価（客観的交換価値）を算定すると107,316,471円となる。
(2) 本件不動産の価額を不動産鑑定評価書によることの可否	本件不動産の価額は，請求人が主張する＊＊＊が作成した平成19年7月25日付の不動産鑑定評価書（以下「本件鑑定書」という）の鑑定評価額23,000,000円（以下，「本件鑑定評価額」という）とするのが，次のとおり相当である（下記(3)を参照）。 ① 原処分庁は，本件マンションの建替えが行われる蓋然性が高かったことが考慮されていないから，本件鑑定書の信用性はない旨主張するが，客観的にみて建替事業が確実に実現するであろうと判断できるのは，建替決議がなされた平成19年10月28日以降であり，本件贈与の日（平成19年7月21日）においては，建替えの検討・計画段階にすぎず，建替えが確実に実現すると判断できる状況ではない。 ② 相続税法22条（評価の原則）は時価主義をとっているから，本件不動産の評価額の	本件贈与の日において，本件マンションの各区分所有者が，敷地の持分を出資し建替事業完了後にそれぞれの出資に見合った価額の新築住戸を取得する方式を採用した建替えが行われる蓋然性が高いことから，請求人が主張する本件鑑定書の本件鑑定評価額は，本件不動産の将来性を考慮し土地の財産価値に重きを置く積算価格を比準価格より重視すべきであるところ，積算価格は参考程度としていることから，本件マンションの建替計画（以下「本件建替計画」という）の存在を適切に反映したものとはいえず，本件不動産の客観的交換価値（時価）を表した価額であるとは認められない。

	判断は，贈与時点の本件不動産の客観的交換価値によるべきであり，本件贈与の日には，建替えが行われる蓋然性が高かったとはいえないから，原処分庁の主張は失当である。		
(3) 本件不動産の相続税評価額	上記(1)及び(2)より，本件不動産の相続税評価額は，本件鑑定評価額である<u>23,000,000円</u>となる。	上記(1)及び(2)より，本件不動産の相続税評価額は，評価通達の定めにより評価した価額である<u>72,062,340円</u>となる。	

③　国税不服審判所の判断

(イ)　法令解釈等

　贈与により取得した財産については，評価通達に定める評価方法を画一的に適用したのでは適正な時価が求められず著しく課税の公平を欠くことが明らかであるなど，評価通達の定めによらないことが正当と認められるような特別な事情がある場合を除き，評価通達の定めに基づき評価した価額をもって時価とすることが相当である。

(ロ)　特別な事情の有無の検討

⑦　評価通達の定めによるマンションの評価方法と売買実態との乖離

　請求人は，評価通達の定めによりマンションを評価する場合にはマンションが共有財産であり単独所有の建物とその敷地に比し制約があるということが考慮されず，マンションの土地部分と建物部分を区分しそれぞれ別個の不動産として価額を算定することとなるから，建物の専有部分の床面積に対応するその敷地面積が広大な本件マンションの時価の算定を評価通達の定めにより行うと売買の実態と乖離した非常に高い価額となる旨主張する。

　しかしながら，下記に掲げる事項から判断すると，本件不動産の評価においてマンションの価額をその共有者の持分に応じてあん分して共有持分の価額を評価するという評価通達の定めによって本件不動産を評価した場合に，適正な時価が求められず著しく課税の公

平を欠くことが明らかであるとはいえない。

(A)　本件不動産は，マンションの建物の専有部分と共有部分及びその敷地に係る土地の持分から構成されており，本件不動産の価額は建物の専有部分の価額，建物の共有部分の価額及びその敷地に係る土地の価額が含まれるから本件不動産の土地部分の価額の上昇又は下落に連動して本件不動産の価額も上昇又は下落すること

(B)　本件不動産の敷地について，本件贈与者の有する共有持分が他の区分所有者が有する共有持分と質的に異なることもないのであるから，建物の専有部分の床面積に対応するその敷地の共有持分が広大であればそれに連動して本件不動産の価額も上昇又は下落すること

(C)　評価通達においては，土地の形状等に応じて奥行距離に応じた奥行価格補正率を適用したり，その形状が不整形である場合には不整形の程度，位置及び地積に応じ不整形地補正率を適用したりするなどして土地の減価要素を考慮した評価方法が採られていること

(ロ)　本件不動産の居住性能の劣化と評価への反映

　請求人は，本件不動産は住戸面積が狭く建物等も老朽化し，今日の水準からみると居住性能は著しく不十分な建物である旨主張する。

　しかしながら，下記に掲げる事項から判断すると，評価通達による評価では請求人が上記で主張するような事情についてはそれを織り込んで評価しているのであり，請求人がいう上記事情の存在によって評価通達に定める評価方法を画一的に適用したのでは適正な時価が求められず，著しく課税の公平を欠くことが明らかな場合に当たるとはいえない。

●評価通達は，家屋の評価については固定資産税評価額に1.0の倍

率を乗じて計算した金額によって評価する旨定めているところ（評価通達89（家屋の評価）），この固定資産税評価額については家屋の適正な時価を評価するために地方税法388条（固定資産税に係る総務大臣の任務）１項に基づく評価基準が告示されており，この評価基準に基づいて３年ごとの基準年度に再建築価格（評価の対象となった家屋と同一のものを評価の時点においてその場所に新築するものとした場合に必要とされる建築費）を基準として，これに家屋の減耗の状況による補正及び需給事情による補正を行って評価する方法が採られていること

(ハ) 本件鑑定評価額

① 本件鑑定評価書の要旨

本件鑑定評価書の要旨は，市場性を反映した比準価格(21,700,000円）を重視し，収益価格（19,700,000円）を関連付け，実現性に不透明感が残る積算価格（110,000,000円）については参考にとどめながら，将来における土地価格実現の可能性を考慮して本件鑑定評価額を決定したとしており，評価額を23,000,000円としている。なお，本件鑑定評価額においては，本件建替計画は考慮されていない。

ロ 請求人の主張について

請求人は，本件贈与の日はまだ建替えが確実に実現すると判断できる状況にはなかった旨主張する。

確かに，請求人主張のとおり，本件贈与の日において，本件建替計画に係る建替決議は成立していない。

しかしながら，下記に掲げる事項からすれば，本件マンションの各区分所有者は建替えの必要性を認識した上，等価交換方式による建替えを検討・計画していた事実が認められ，したがって，本件贈与の日現在，本件マンションは建替えが行われる蓋然性がきわめて

高いと認められる。

(A) 建替推進委員会や勉強会等が開催されていること

(B) 区分所有された建物の建替えは，区分所有者等の5分の4以上の賛成で実行できるところ，等価交換方式による建替えに係る各議題は，圧倒的な賛成によりいずれも可決されていること

(C) 本件マンション建替事業協力に関する覚書も締結されていること

(D) 本件不動産は，建物の専有床面積に対するその敷地の地積が約2倍であるところ，本件建替計画では各区分所有者は出資した敷地の持分価額に見合う既存建物の2倍以上の面積の建物を取得することが予定されていたこと

(E) 本件贈与の日のわずか3か月後の平成19年10月28日に本件マンションの区分所有者の全員同意による建替決議がなされ，その後，請求人は建替決議に基づき本件マンション建替事業に係る等価交換契約により，本件不動産を代金96,640,000円（全て土地代金）で譲渡していること

(ハ) 不動産鑑定評価基準に対する適合性

(A) 予測の原則に基づく分析

不動産の価額は，価格形成要因の変動について市場参加者による予測によって左右されるところ（不動産鑑定評価基準総論第4章（不動産の価格に関する諸原則）の(Ⅱ)），本件不動産の評価に際しては，建替えの蓋然性がきわめて高く，その場合には敷地の持分価額に見合う既存建物の2倍以上の面積の建物を取得できることが予定されていたことなどの事情等を考慮して比準価格を求めるべきところ，本件鑑定書における比準価格の算定はこれらの事情が十分に考慮されておらず，上記評価基準総論第4章の(Ⅱ)に定める予測の原則

に基づく分析検討が客観的かつ十分にされていないといわざるを得ない。

(B)　試算価格の調整

　積算価格，比準価格及び収益価格の各試算価格の調整に当たっては各方式の持つ特徴に応じたしんしゃくを加え，鑑定評価の手順各段階について客観的，批判的に再吟味し，その際には不動産鑑定評価基準総論第4章に定める不動産の価格に関する諸原則の当該事案に即した活用の適否や個別要因の分析の適否等について留意することが必要であるところ（不動産鑑定評価基準総論第8章第7節（試算価格又は試算賃料の調整）），本件鑑定書における鑑定評価額の決定は，建替えの実現性に不透明性があるとして積算価格110,000,000円を参考にとどめて調整しており，個別要因の十分な分析が行われていないといわざるを得ない。

㊁　ま　と　め

　上記㋑から㋩によると，本件鑑定評価額が本件不動産の客観的交換価値を表すものとは認められず，上記㋺に掲げる請求人の主張には理由がない。

(二)　結論（本件不動産の価格）

　上記㋺及び㋩のとおり，本件不動産の評価に当たり評価通達の定めにより難い特別な事情は認められず，また，本件鑑定評価額が本件不動産の客観的な交換価値を表すものとは認められないから，原処分庁が評価した価額をもって本件不動産の時価と認めることが相当である。

(2)　**裁決事例に新通達を適用した場合**

　上記(1)の裁決事例に係る課税時期は，平成19年分贈与である。そして，国税不服審判所の判断では本件不動産の価額は評価通達の定

めにより評価した価額である72,062,340円が相当であるとされた。

　もし仮に，平成19年に新通達が適用されていたならばという仮定論の下に，本件不動産の価額を求めると，図表－6に掲げるとおり，評価乖離がマイナス（▲0.634）となり，表面上は0円となる。しかしながら，上記(1)に掲げるとおりの裁決事例の経緯から判断すると本件不動産の価額を0円とすることには，大きな疑義が想定されるものであり，このような事例については総則6項（この通達の定めにより難い場合の評価）の適用可能性が議論されることになろう。

●図表－6　本件不動産に新通達を適用した場合の価額（相続税評価額）

(1)　基本の数値資料
・築年数……50年（昭和33年～平成19年（昭和82年））
・総階数……4階
・所在階……4階
・敷地利用権の面積……81.56㎡
・専有部分の面積………42.31㎡
(2)　評価乖離率
A＋B＋C＋D＋3.220＝▲0.634➡評価乖離率がマイナスとなる。
A：50年（築年数）×▲0.033＝▲1.65
B：4階÷33階＝0.121（小数点以下第4位切捨）
0.121≦1　∴0.121（いずれか低い方）
0.121×0.239＝0.028（小数点以下第4位切捨）
C：4階×0.018＝0.072
D：$\dfrac{81.56㎡（敷地利用権の面積）}{42.31㎡（専有部分の面積）}$＝1.928（小数点以下第4位切上）
1.928×▲1.195＝▲2.304（小数点以下第4位切上）

〔ささおか・ひろやす〕

第5章

鑑定評価の視点から紐解く
マンション通達と
実務への影響

不動産鑑定士 **村木　康弘**

ポイント

1　マンション評価の新通達（以下、「マンション通達」という。）を適用した結果でも，明らかに時価を上回るような評価額が算出される場合には，不動産鑑定評価による申告もあり得る。

2　相続税評価額が実勢価格の 6 割未満になっているマンションについては，これからは理論的実勢価格の 6 割（戸建住宅の平均評価割合と同じ水準）で評価する。

3　マンション通達の対象は「居住用マンション」であり，区分所有されていない一棟の賃貸マンション，店舗など他用途の区分所有建物には適用されない。

4　マンション通達は，令和 6 年 1 月 1 日以後の相続，遺贈又は贈与により取得した財産の評価に適用される。

1 経緯と本稿の概要

　相続税等における財産の価額は，相続税法22条により「財産の取得時における時価による(客観的な交換価値)」とされており（時価主義),その評価方法は財産評価基本通達によって定められている。

　財産の中でも不動産は，相続税評価額と時価とが乖離していることが多く，そのことは，一般にも広く認識されていた。近年，特に乖離が大きくなっているマンションが相続税の圧縮に利用されてきた。過度な税逃れの場合に，相続税の申告後に国税当局が，路線価等に基づく相続税評価額ではなく不動産鑑定価格による時価で評価し直して，課税処分された事案が争われ，令和4年4月19日最高裁判決で国側が勝訴した。

　以降，マンションの評価額の乖離に対する批判の高まりや，取引の手控えによる市場への影響を懸念する向きも見られ，課税の公平を図りつつ，納税者の予見可能性を確保する観点からも，早期にマンションの評価に関する通達を見直す必要が出てきていた。

　令和5年度税制改正大綱において，「マンションの評価方法については，相続税法の時価主義の下，市場価格との乖離の実態を踏まえ，適正化を検討する。」とされたのを受け，国税庁は有識者会議を開催し，マンションの評価方法を定めた個別通達「居住用の区分所有財産の評価について」（法令解釈通達）の案について意見公募（パブリック・コメント）を経て最終的な通達を令和5年9月28日付で発出した。この通達は，令和6年1月1日の相続・贈与から適用される。

　本稿では，今般発出された「居住用の区分所有財産の評価につい

て」（法令解釈通達）について，その概要と有識者会議での議論の要旨に触れ，不動産鑑定評価の視点から吟味するとともに，税実務への影響について検討する。

2　マンション通達のポイント

1　マンションの評価水準を理論的実勢価格の6割に

　今回は発出された「居住用の区分所有財産（マンション）の評価について」の法令解釈通達（以下，「マンション通達」という。）は，築年数や階数等に応じて新たに国税庁が示す理論的実勢価格と従来の財産評価基本通達に基づいて算出した相続税評価額との"乖離率"（理論的実勢価格／従来の相続税評価額）を求め，その乖離率が1.67倍以上（裏返すと従来の相続税評価額が理論的実勢価格の6割以下）の場合には，従来の相続税評価額に"乖離率×0.6"を乗じることで，相続税評価額を理論的実勢価格の一律6割とするものである。

　平たく言えば，相続税評価額が実勢価格の6割未満になっているマンションはこれからは理論的実勢価格の6割（戸建住宅の平均評価割合と同じ水準）で評価しますということである。

2　マンション通達の骨子

　マンション通達は以下の通り。

「居住用の区分所有財産の評価について」の法令解釈通達の概要

1　制定の背景（略）

　2　居住用の区分所有財産の評価を新設し，次に掲げるとおり

　　評価することとします。

(1)　一室の区分所有権等に係る敷地利用権の価額

　　一室の区分所有権等に係る敷地利用権の価額は，「自用地と

しての価額」に，一定の補正率を乗じて計算した価額を当該

「自用地としての価額」とみなして評価する。

(2)　一室の区分所有権等に係る区分所有権の価額

　　一室の区分所有権等に係る区分所有権の価額は，「自用家屋

としての価額」に，一定の補正率を乗じて計算した価額を当該

「自用家屋としての価額」とみなして評価する。

この場合の補正率は，

①　乖離率が1.67倍超の場合：補正率＝乖離率×0.6（理論値の実

　　勢価格の6割にする）

②　乖離率が1.67以下で1以上の場合：補正率＝1（従来の相続税

　　評価額そのまま）

③　乖離率が1未満の場合：補正率＝乖離率　（理論的実勢価格を

　　採用）

　一般に問題視されているのは，時価よりも評価額がかなり下回っ

ているマンションであるので，①の場合で，理論的実勢価格の6割

で評価するという意味になる。

（従来の相続税評価額[※1]×乖離率）×0.6＝新しい相続税評価額

※1　従来の相続税評価額＝土地の路線価評価額＋建物の固定資産税評

　　価額

③ マンション通達と適用イメージ

　新マンション評価通達案は，統計的手法を用いて実勢価格の理論値を求めているのが特徴である。

　　　　　居住用の区分所有財産の評価について

　標題のことについては，昭和39年4月25日付直資56，直審（資）17「財産評価基本通達」（法令解釈通達）によるほか，下記のとおり定めたから，令和6年1月1日以後に相続，遺贈又は贈与により取得した財産の評価については，これにより取り扱われたい。

（趣旨）

　近年の区分所有財産の取引実態等を踏まえ，居住用の区分所有財産の評価方法を定めたものである。

　　　　　　　　　　　　　記

（用語の意義）

1　この通達において，次に掲げる用語の意義は，それぞれ次に定めるところによる。

(1)～(10)　省略

(11)　評価乖離率　次の算式により求めた値をいう。

（算式）

　評価乖離率＝A＋B＋C＋D＋3.220

　上記算式中の「A」，「B」，「C」及び「D」は，それぞれ次による。

「A」＝当該一棟の区分所有建物の築年数×△0.033

「B」＝当該一棟の区分所有建物の総階数指数×0.239（小数点

以下第4位を切り捨てる。）

「C」＝当該一室の区分所有権等に係る専有部分の所在階×0.018

「D」＝当該一室の区分所有権等に係る敷地持分狭小度×△
1.195（小数点以下第4位を切り上げる。）

(注)1　「築年数」は，当該一棟の区分所有建物の建築の時から
課税時期までの期間とし，当該期間に1年未満の端数があ
るときは，その端数は1年とする。

2　「総階数指数」は，当該一棟の区分所有建物の総階数を
33で除した値（小数点以下第4位を切り捨て，1を超える
場合は1とする。）とする。この場合において，総階数に
は地階を含まない。

3　当該一室の区分所有権等に係る専有部分が当該一棟の区
分所有建物の複数階にまたがる場合には，階数が低い方の
階を「当該一室の区分所有権等に係る専有部分の所在階」
とする。

4　当該一室の区分所有権等に係る専有部分が地階である場
合には，「当該一室の区分所有権等に係る専有部分の所在
階」は，零階とし，Cの値は零とする。

5　「当該一室の区分所有権等に係る敷地持分狭小度」は，
当該一室の区分所有権等に係る敷地利用権の面積を当該一
室の区分所有権等に係る専有部分の面積で除した値（小数
点以下第4位を切り上げる。）とする。

⑿　評価水準　1を評価乖離率で除した値とする。

以下省略

従来の相続税評価額が理論的実勢価格（≒時価）の6割未満（乖離率が1.67倍以上）の場合，一律6割になるよう評価額が補正される。6割以上10割未満の場合は補正せず従来の相続税評価額のまま，10割を超える場合（乖離率が1未満，評価額が時価を上回っている場合）は，従来の相続税評価額に乖離率を掛けて10割（理論的実勢価格）となるよう減額される。

【新マンション評価通達案の適用イメージ】（国税庁・有識者会議資料）

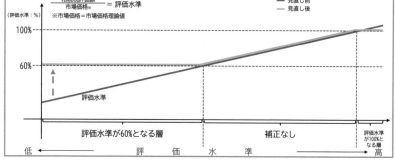

④ 具 体 例

　具体的なマンションに当てはめてみましょう。

<＜相続財産の例＞>

　　＜相続財産の例＞
　　　総階数25階建マンションの20階にある一室
　　　専有面積80㎡　築年数10年
　　　敷地権割合400／100,000（0.004）　敷地面積4,000㎡

　上記事例の評価乖離率を計算すると3.01になる。
　仮に従来の相続税評価額が1億円とすると，マンション通達による理論的実勢価格は約3億円（従来評価額1億円×評価乖離率

3.01）になる。乖離率が1.67倍以上なので定数0.6を乗じて新たな
相続税評価額は約1億8,000万円となる。

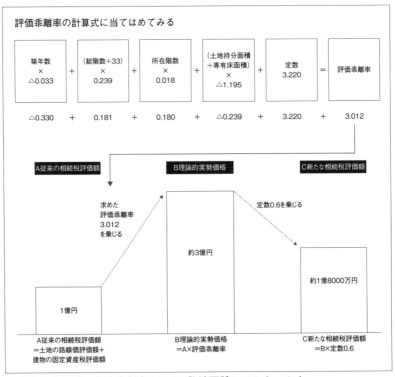

＊土地持分面積＝敷地権割合0.004×敷地面積4,000㎡＝16㎡

3 マンションの相続税評価額と市場価格の乖離

1 タワーマンションの人気の理由

　今回のマンション評価見直しのきっかけの一つとして，タワーマンションによる節税の横行が挙げられる。

タワーマンションとは最高階数が20階以上の分譲マンションを指す。令和4年末で38都道府県に1,464棟・38万4,581戸あり（㈱東京カンテイ調べ），都会だけでなく地方にも建てられて立地範囲が全国に広がっている。

　人気の理由は，資産性の高さ，眺望の良さ，共用施設の充実，ステータス感，セキュリティの充実等が挙げられるが，一部資産家にとっては，相続税評価の圧縮効果が高いことに着目して高齢者名義で購入する，いわゆる「タワマン節税」が取得理由となっているようだ。

② タワーマンションの所有が相続税の節税になる理由

　不動産は，時価より相続税評価のほうが総じて低くなるため相続税対策になるというのは，広く知られていることである。特にタワーマンションの場合，市場価格は高層階ほど高額になる一方で，相続税評価額は，高層階になるにつれてわずかに割増しはあるものの，市場価格ほどの格差はないので，高層階ほど市場価格と相続税評価額の開きが大きくなっている。

　例えばタワーマンションの低層階の一室の価格が2,500万円で，同規模同タイプの高層階価格が2倍の5,000万円ということがある。この場合の，相続税評価額はどちらも2,000万円弱で差額はわずかというケースがざらにあるという。

　マンションの相続税評価額と市場価格の乖離率（市場価格÷評価額）は平成30年時点で，2.34倍である。裏返すと，マンションの相続税評価額は平均すると市場価格の約4割（1÷2.34＝0.427）で評価されていることが分かる。現金なら5,000万円でも，時価5,000万円のマンションを購入するとその評価額は約2,000万円となる計

算である。平成30年は前年より若干下がっているが，この乖離率は近年傾向的に大きく上昇してきたことが見て取れる。

【マンションの相続税評価額と市場価格の乖離率の推移】

（国税庁・有識者会議資料）

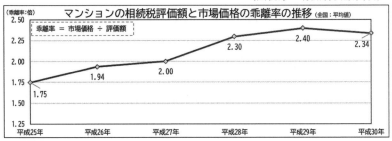

総階数別に乖離率を集計してみると，マンションの中でも高層の物件になればなるほど乖離率が高くなる。総階数20階以上のマンション（タワマン）の乖離率は3.16倍。裏返すと，マンションの相続税評価額は時価の約3割（1÷3.16＝0.31645…）で評価されており，評価額の圧縮効果がかなり高いことが分かる。

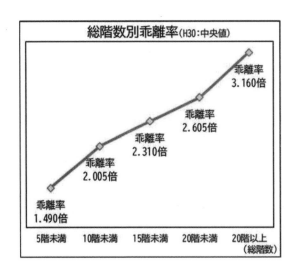

4 マンションの価格形成要因と不動産鑑定評価の手法

1 マンションの価格形成要因

　マンションは通常一棟の建物の一部分で，区分所有権である。この価格形成要因は，一棟の建物に係る要因と一室，つまり占有部分に係る要因に分かれる。

　一棟のマンション全体に係る価格形成要因には，①地域性（駅からの距離・通勤利便性・居住環境・学校区，等），②建物の状況（築年数・外観・グレード・エントランス・総戸数・管理状況等），③管理規約（ペット飼育の可否・用途制限等）がある。

　マンションの一室に係る価格形成要因には，④一棟の中の位置関係（階数・角部屋か否か・日照・眺望・ベランダ方位等），⑤室内状況（面積・間取り・リフォームの必要性・水回り等設備の程度等），⑥その他（管理費・修繕積立金・固定資産税・毎月必要となる費用等）がある。

2 価格の三面性と不動産鑑定評価

　一般にものの値段には，価格の三面性すなわち，原価性・市場性・収益性の三つの側面がある。

　不動産鑑定評価では，この価格の三面性を踏まえ，原価法，取引事例比較法，収益還元法の三手法を用いて正常価格（≒時価）を求める。

価格の三面性	性格	鑑定評価の方式	試算価格の名称
原価性	いくらの費用が投じられたか	原価法 （コストアプローチ）	積算価格
市場性	市場ではいくらで取引されているか	取引事例比較法 （マーケットアプローチ）	比準価格
収益性	利用することによっていくらの収益 （便益）が得られるか	収益還元法 （インカムアプローチ）	収益価格

　対象不動産の性格に応じて，市場参加者がどのように価格決定するかに焦点をあて，それぞれの手法によって導かれた試算価格の信頼性と説得力を吟味して，最終的に鑑定評価額を決定する。

③　分譲マンション一室の価格は市場性・代替性で決まる

　マンションは，インターネットや不動産会社の折込チラシ等でたくさんの取引情報が公開されており，取引に関する情報が比較的容易に取得でき，間取りや規模といった型式が画一的で比較がしやすいのが特長である。

　現実の市場では売主も買主も類似のマンションの取引相場に照らして，対象不動産の価格を決めている。一般の人がマンション一棟の原価を考えて売買価格を決めるというのは稀有であろう。賃貸に供している場合には収益性が検討材料に値するが，自用の場合はあまり考慮されない。

　したがって，不動産鑑定評価で自用のマンションを対象とする場合には，通常，市場参加者が市場性を主眼として価格決定している実状を踏まえ，取引事例比較法による比準価格を重視して鑑定評価額を決定する。

5 マンション通達新設の検討経緯

① 鑑定評価手法と相続税評価の原則とのせめぎ合い

　有識者会議の資料によると，「時価とは客観的な交換価値をいうものと解されている以上，財産の評価方法は互いに独立した当事者間で自由な取引が行われる市場で通常成立すると認められる売買実例価額によることが最も適当といえる。」という意見が出され，「分譲マンションは流通性・市場性が高く，類似する物件の売買実例価額を多数把握することが可能であり，かつ価格形成要因が比較的に明確であることからすれば，それら要因を指数化して売買実例価額に基づき統計的に予測した市場価格を考慮して評価額を補正する方式が妥当といえる。」という発言が見られる。

　これは，前述した不動産鑑定評価に則り，マンションの評価に当たっては市場性を重視した取引事例比較を採用すべきとする見解である。

　しかしながら，財産評価基本通達における現行のマンションの相続税評価の方法は，

マンション（一室）の相続税評価額（自用の場合）
＝ 区分所有建物の価額(1) ＋ 敷地（敷地権）の価額(2)

(1)区分所有建物の価額 ＝ 建物の固定資産税評価額[注1] ×
　　1.0

(2)敷地（敷地権）の価額 ＝ 敷地全体の価額[注2] × 共有持分
　　（敷地権割合）

（注1）「建物の固定資産税評価額」は，1棟の建物全体の評価
額を専有面積割合によって按分して各戸の評価額を算定
（注2）「敷地全体の価額」は，路線価方式又は倍率方式により
評価

となっており，価格の三面性からすると原価法となっている。

　そこで，標準戸から比準して評価する方法として，「不動産鑑定
評価に基づいて評定した標準戸（標準的なマンション）から比準し
て評価額を算出する方法」が，一案として俎上にのぼっている。こ
れは，鑑定評価でいう取引事例比較法であり，適切に価格を求めや
すく，評価の過程が分かりやすい手法だと言える。

　検討結果としては，同案は，不動産鑑定を実施することで規範性
は有するものの，相当数の標準戸の選定が必要となる上，マンショ
ン価格には土地の地価公示・地価調査制度のような価格指標がなく
全ての標準戸に鑑定が必要となるなどコストが大きいこと，また，
同一地域内にも価格帯が多様なマンションが混在していると想定さ
れる中，標準戸から個々のマンションに比準する基準の設定も難し
いことが理由で，取り上げられなかった。

　話は逸れるが，ここで却下理由に挙げられた，マンション価格を
把握するため地価公示のような価格指標を検討するのは，課税や担
保あるいは投資に役立つ仕組みとして検討に値するように思われる。

　次に，現行の相続税評価額を前提とせず，統計的手法を用いて価
格形成要因（説明変数）から直接的にマンションの市場価格を予測
して評価する方法が俎上にのぼった。この方法は，多数の取引事例
から得られた傾向に基づく統計的手法を用いることで客観性・合理
性を有するが，相続税評価額において既に考慮されている要素（例

えば再建築費）も含め価格形成要因を広く考慮する必要があり，納税者の負担となるほか，他の資産（例えば一戸建て）の評価方法と著しく異なる評価方法となり，バランスを欠くという理由で採用されなかった。

　最後に検討されたのは，取引事例に基づく統計的手法（回帰分析）を用いて，現行のマンション評価額方式を修正して評価する方法である。今回のマンション通達に採用されたもので，現行の相続税評価額を前提に，市場価格との乖離要因（説明変数）から乖離率を予測し，その乖離率を現行の相続税評価額に乗じて評価する方法である。乖離要因を説明変数とすることから，相続税評価額と市場価格の乖離を補正する方法として直截的であり，乖離要因に基づき補正すれば足りるため執行可能性も高いというのが採用理由である。

② マンション通達の不動産鑑定評価的解釈

　マンション通達は，（土地価格＋建物価格）×補正率となっている。これは土地価格と建物価格の合計に対して市場性修正を行っているので，価格の三面性のうち原価性を基礎に市場性を加味した方式といえる。市場価格と相続税評価額との乖離の要因分析を行うに当たり用いられた統計的手法（重回帰分析）の説明変数にマンションの主要な価格形成要因を採用し，鑑定評価的な要素を取り入れている。重回帰分析の結果は第二回有識者会議の公表資料のみで，分析内容の詳細は示されていない。採用された４つの要因について，若干無理があるとの意見も出たようであるが，土地価格＋建物価格という従来の相続税評価の原則をベースに，この合計額に対して補正率を乗じるという流れができていたことから，さらなる良案が出ずに当案に落ち着いたようである。

ここでマンション通達の要諦である補正率について見てみると，採用された要因は，築年数，総階数，所在階，敷地持分狭小度の4つである。

　マンションの価格形成要因の主要なものとして立地条件がある。立地の良し悪しは土地価格に反映されるが，敷地利用権（規模）が狭小だと相続税評価額に反映されにくくなる点に着目して，その狭小度を指数化した上で統計的手法により補正することになった。

　敷地利用権の評価に用いる路線価は，売買実例価額に基づいて求められているものの，地域の標準的使用を前提にした更地価格であり，高度利用されている高層マンションの敷地価格の水準から乖離するきらいがある上，路線価そのものが時価の8割水準になっていることから，立地条件が評価額に十分に反映されず市場価格との乖離が生じている。敷地持分狭小度は，このことを補正するものである。

　土地価格と建物価格を補正する場合，理論的には土地と建物を分けてそれぞれについて補正する方法と，まとめて一体として補正する方法とがある。分譲マンションの取引では，土地建物一体として価格が成立しており，土地建物の内訳価格を適切に把握しづらいことや，重回帰式により算出される乖離率を土地と建物とに合理的に按分することも困難であることを考慮して，土地建物を一体として捉えて補正する方式が採用された。

　これら4要因をもとに重回帰分析を行った結果の決定係数は0.5程度となっている。必ずしも説明力があるとは言い難く，他にも価格形成要因はあるが，申告納税制度の下で納税者の負担を考慮すると，納税者自身で容易に把握できる要因情報を指数として捉えるべきとの判断から，最終的にこれら4要因に落ち着いたようである。

③ 様々な配慮

　マンション通達では，計算方法以外に様々な配慮がなされている。

(1)　一戸建住宅との均衡と市場取引への影響に配慮

　今回の措置が，市場参加者（販売者・購入者）のマンションか一戸建住宅かの選択において偏りが生じないように配慮されている。

【一戸建ての乖離率の分布】（国税庁・有識者会議資料）

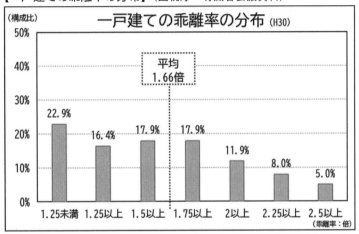

　一戸建ての相続税評価額と市場価格の乖離率の平均は，1.66倍である。裏返すと，戸建住宅の相続税評価額は時価の約6割（1÷1.66＝0.602）で評価されていることが分かる。現行のタワーマンションが約3割で評価されていることに比べると大きな差がある。そこで，この6割というのが今回の基準となり，補正率＝乖離率×0.6となっている。理論的実勢価格の6割に満たないものは一律6割に持っていく。一気に10割評価に持っていくのでなく，戸建て住宅の評価水準と横並びで留めたということである。

(2)　評価方法を見直した結果，評価額が時価を超えることとならな

いようにする配慮

　マンションの評価額を時価に近づけるよう上方修正に主眼をおいた通達であるが，評価額が時価を上回る場合には理論的実勢価格にとどめる仕組みになっている（乖離率が１未満の場合，従来の相続税評価額に乖離率を乗じ下方修正する。）。

(3)　定期的に実態調査

　市場価格と相続税評価額との乖離の程度はマンション市場の状況により変化するため，今回の評価方法見直し後においても，重回帰式の数値等については定期的に実態調査を行い適切に見直していくよう意見されている。

(4)　自動計算ツールを国税庁が提供

　納税者の申告上の利便性を考えて，４指数の基となる計数を入力すると補正率や評価額が自動計算されるツールが国税庁のホームページ等で提供されるようである。

6　マンション通達の影響と不動産鑑定評価が有用となるケース

　マンション通達の実施で，従来問題視されてきたタワーマンションの時価と相続税評価額の乖離はいくらか是正される。既述の通り今回の手法で採用された統計的手法により理論的実勢価格を求め，その６割水準で評価されることになる。従来のタワーマンションの評価水準の平均が約３割であるため単純に相続税評価額が従来の倍になる。

　ところが，時価と相続税評価額との乖離の実態を把握するために用いられたデータは平成30年までのもので，その後の資材や人件費

の高騰等でマンション価格は上昇している。したがって実質的な評価水準は，マンション通達採用後も6割を下回るのではないかと推察できる。よって，従来ほどではないにしろ，タワーマンションの相続税評価の水準が他の資産と比較して低いことに変わりはないようである。

　節税目的での活用は続くように思うが，過度であったり，故意や悪質で，不公平と言える場合には最高裁判例が言うところの伝家の宝刀が抜かれることとなるので注意が必要である。

　反対に，経年を上回る劣化や損傷がある物件，地域的不適合から需要者が全くいない物件等では，対象不動産の時価が相続税評価額より低い場合もあるだろう。有識者会議の第3回資料4頁1（注4）には，「不動産鑑定評価書等に照らし評価額が通常の取引価額を上回ると認められる場合には，当該価額により評価する」との記載がある。これは，マンション通達による価格が時価を上回っており，これを鑑定評価で示せるなら，それに従うとも読める。相続税は申告納税方式で，その「適正な時価」は原則として財産評価基本通達によると定められている。今回，マンション通達による評価の見直しが行われたわけだが，全国一律の基準である。不動産には地域性や個別性があり，全国各地に存する全てのマンションが新方式で適切な時価を求められるものではないだろう。中には，新評価方式の結果，明らかに時価を上回るような評価額が算出される場合には，不動産鑑定評価による申告もあり得るということだと考える。不動産鑑定評価は個別評価であり，全国一律の基準による相続税評価を補完する役割を担う。

〔むらき・やすひろ〕

課評 2 −74

課資 2 −16

令和 5 年 9 月28日

各国税局長　殿

沖縄国税事務所長　殿

国税庁長官

居住用の区分所有財産の評価について（法令解釈通達）

　標題のことについては，昭和39年 4 月25日付直資56，直審（資）17「財産評価基本通達」（法令解釈通達）によるほか，下記のとおり定めたから，令和 6 年 1 月 1 日以後に相続，遺贈又は贈与により取得した財産の評価については，これにより取り扱われたい。

（趣旨）

　近年の区分所有財産の取引実態等を踏まえ，居住用の区分所有財産の評価方法を定めたものである。

記

（用語の意義）

1　この通達において，次に掲げる用語の意義は，それぞれ次に定

めるところによる。

(1) 評価基本通達　　昭和39年4月25日付直資56，直審（資）17「財産評価基本通達」（法令解釈通達）をいう。

(2) 自用地としての価額　　評価基本通達25（（貸宅地の評価））(1)に定める「自用地としての価額」をいい，評価基本通達11（（評価の方式））から22－3（（大規模工場用地の路線価及び倍率））まで，24（（私道の用に供されている宅地の評価）），24－2（（土地区画整理事業施行中の宅地の評価））及び24－6（（セットバックを必要とする宅地の評価））から24－8（（文化財建造物である家屋の敷地の用に供されている宅地の評価））までの定めにより評価したその宅地の価額をいう。

(3) 自用家屋としての価額　　評価基本通達89（（家屋の評価）），89－2（（文化財建造物である家屋の評価））又は92（（附属設備等の評価））の定めにより評価したその家屋の価額をいう。

(4) 区分所有法　　建物の区分所有等に関する法律（昭和37年法律第69号）をいう。

(5) 不動産登記法　　不動産登記法（平成16年法律第123号）をいう。

(6) 不動産登記規則　　不動産登記規則（平成17年法務省令第18号）をいう。

(7) 一棟の区分所有建物　　区分所有者（区分所有法第2条（（定義））第2項に規定する区分所有者をいう。以下同じ。）が存する家屋（地階を除く階数が2以下のもの及び居住の用に供する専有部分（同条第3項に規定する専有部分をいう。以下同じ。）一室の数が3以下であってその全てを当該区分所有者

又はその親族の居住の用に供するものを除く。）で，居住の用
に供する専有部分のあるものをいう。

⑻　一室の区分所有権等　　一棟の区分所有建物に存する居住の
用に供する専有部分一室に係る区分所有権（区分所有法第２条
第１項に規定する区分所有権をいい，当該専有部分に係る同条
第４項に規定する共用部分の共有持分を含む。以下同じ。）及
び敷地利用権（同条第６項に規定する敷地利用権をいう。以下
同じ。）をいう。

　（注）　一室の区分所有権等には，評価基本通達第６章（（動産））第
　　　２節（（たな卸商品等））に定めるたな卸商品等に該当するもの
　　　は含まない。

⑼　一室の区分所有権等に係る敷地利用権の面積　　次に掲げる
場合の区分に応じ，それぞれ次に定める面積をいう。

　イ　一棟の区分所有建物に係る敷地利用権が，不動産登記法第
　　44条（（建物の表示に関する登記の登記事項））第１項第９号
　　に規定する敷地権である場合

　　　一室の区分所有権等が存する一棟の区分所有建物の敷地
　　（区分所有法第２条第５項に規定する建物の敷地をいう。以
　　下同じ。）の面積に，当該一室の区分所有権等に係る敷地権
　　の割合を乗じた面積（小数点以下第３位を切り上げる。）

　ロ　上記イ以外の場合

　　　一室の区分所有権等が存する一棟の区分所有建物の敷地の
　　面積に，当該一室の区分所有権等に係る敷地の共有持分の割
　　合を乗じた面積（小数点以下第３位を切り上げる。）

⑽　一室の区分所有権等に係る専有部分の面積　　当該一室の区
分所有権等に係る専有部分の不動産登記規則第115条（（建物の

床面積））に規定する建物の床面積をいう。

⑾　評価乖離率　　　次の算式により求めた値をいう。

（算式）

評価乖離率＝A＋B＋C＋D＋3.220

上記算式中の「A」，「B」，「C」及び「D」は，それぞれ次による。

「A」＝当該一棟の区分所有建物の築年数×△0.033

「B」＝当該一棟の区分所有建物の総階数指数×0.239（小数点以下第4位を切り捨てる。）

「C」＝当該一室の区分所有権等に係る専有部分の所在階×0.018

「D」＝当該一室の区分所有権等に係る敷地持分狭小度×△1.195（小数点以下第4位を切り上げる。）

（注）1　「築年数」は，当該一棟の区分所有建物の建築の時から課税時期までの期間とし，当該期間に1年未満の端数があるときは，その端数は1年とする。

　　　2　「総階数指数」は，当該一棟の区分所有建物の総階数を33で除した値（小数点以下第4位を切り捨て，1を超える場合は1とする。）とする。この場合において，総階数には地階を含まない。

　　　3　当該一室の区分所有権等に係る専有部分が当該一棟の区分所有建物の複数階にまたがる場合には，階数が低い方の階を「当該一室の区分所有権等に係る専有部分の所在階」とする。

　　　4　当該一室の区分所有権等に係る専有部分が地階である場合には，「当該一室の区分所有権等に係る専有部分

の所在階」は，零階とし，Cの値は零とする。

　　　5　「当該一室の区分所有権等に係る敷地持分狭小度」は，当該一室の区分所有権等に係る敷地利用権の面積を当該一室の区分所有権等に係る専有部分の面積で除した値（小数点以下第4位を切り上げる。）とする。

⑿　評価水準　　1を評価乖離率で除した値とする。

（一室の区分所有権等に係る敷地利用権の価額）

2　次に掲げる場合のいずれかに該当するときの一室の区分所有権等に係る敷地利用権の価額は，「自用地としての価額」に，次の算式による区分所有補正率を乗じて計算した価額を当該「自用地としての価額」とみなして評価基本通達（評価基本通達25並びに同項により評価する場合における評価基本通達27（（借地権の評価））及び27－2（（定期借地権等の評価））を除く。）を適用して計算した価額によって評価する。ただし，評価乖離率が零又は負数のものについては，評価しない。

（算式）

（1）　評価水準が1を超える場合

　　区分所有補正率＝評価乖離率

（2）　評価水準が0.6未満の場合

　　区分所有補正率＝評価乖離率×0.6

（注）1　区分所有者が次のいずれも単独で所有している場合には，「区分所有補正率」は1を下限とする。

　　　イ　一棟の区分所有建物に存する全ての専有部分

　　　ロ　一棟の区分所有建物の敷地

　　　2　評価乖離率を求める算式及び上記(2)の値（0.6）については，

適時見直しを行うものとする。

（一室の区分所有権等に係る区分所有権の価額）

3　一室の区分所有権等に係る区分所有権の価額は，「自用家屋としての価額」に，上記2に掲げる算式（（注）1を除く。）による区分所有補正率を乗じて計算した価額を当該「自用家屋としての価額」とみなして評価基本通達を適用して計算した価額によって評価する。ただし，評価乖離率が零又は負数のものについては，評価しない。

新通達でこう変わる!!

マンション節税と相続税シミュレーション

令和 5 年12月20日　第 1 刷発行

編　者　月刊「税理」編集局

発　行　株式会社ぎょうせい

〒136-8575　東京都江東区新木場 1 -18-11
URL：https：//gyosei.jp

フリーコール　0120-953-431

ぎょうせい　お問い合わせ　検索　https：//gyosei.jp/inquiry/

＜検印省略＞

印刷　ぎょうせいデジタル㈱

*乱丁・落丁本はお取り替えいたします。

ⓒ2023　Printed in Japan

ISBN978-4-324-11363-9

(5108921-00-000)

〔略号：マンション節税〕